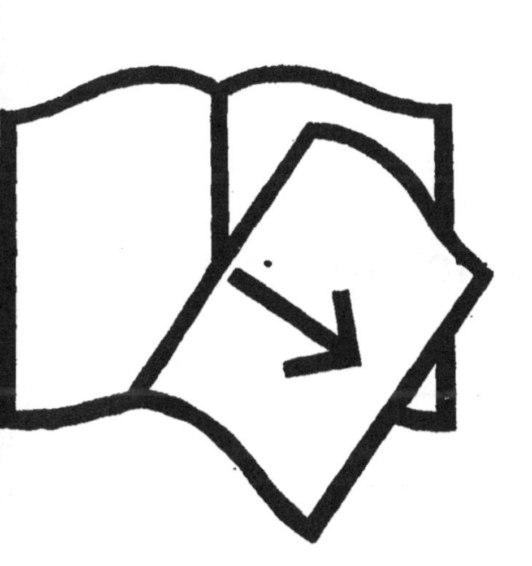

Couverture inférieure manquante

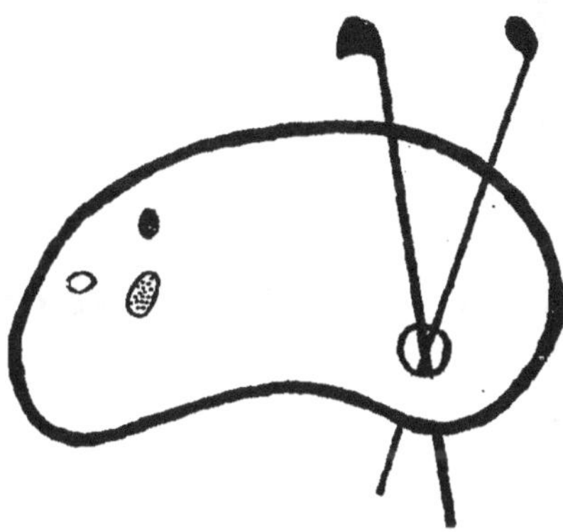

DEBUT D'UNE SERIE DE DOCUMENTS
EN COULEUR

L'ESCLAVAGE AFRICAIN

CONFÉRENCE

FAITE DANS L'ÉGLISE DE SAINT-SULPICE

A PARIS

PAR

LE CARDINAL LAVIGERIE

PARIS

A LA PROCURE DES MISSIONS D'AFRIQUE

11, RUE DU REGARD, 11

1888

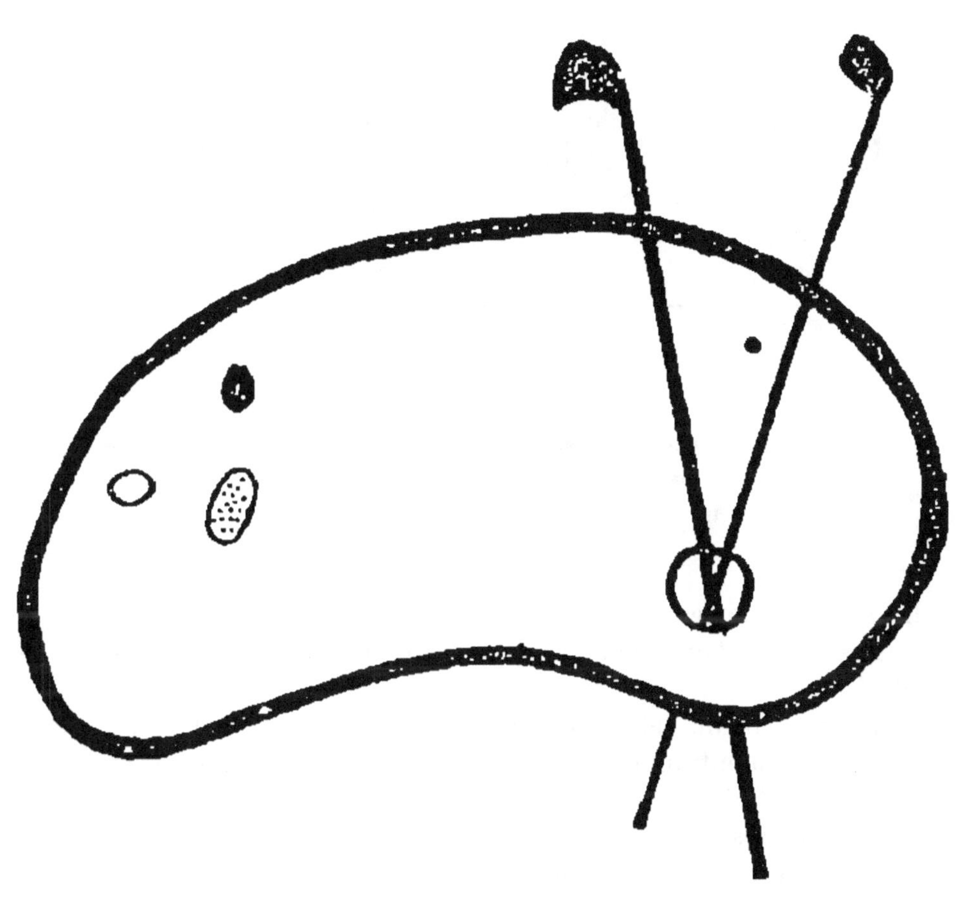

FIN D'UNE SERIE DE DOCUMENTS
EN COULEUR

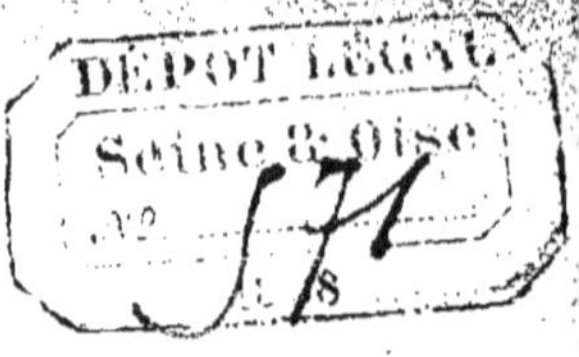

L'ESCLAVAGE AFRICAIN

CONFÉRENCE FAITE A SAINT-SULPICE

Ubi non est servus et liber..... sed omnia et in omnibus Christus. (*Epist. ad Coloss.*, c. III, v. 11.)

Léon XIII, notre grand Pontife, empruntait récemment ces paroles à saint Paul, dans son Encyclique aux évêques du Brésil.

C'est en vertu de cette doctrine de l'Apôtre qu'il condamnait l'esclavage, en montrant qu'il ne saurait exister sans crime parmi les chrétiens. Puisque les hommes sont tous, au même titre, les images de Jésus-Christ, des christs nouveaux, et par conséquent des frères, c'est pour eux un sacrilège que de chercher à s'opprimer mutuellement et à se priver de la liberté, « le don le plus précieux de la nature ». Jésus-Christ avait enseigné déjà cette vérité, lorsqu'il disait qu'au dernier jour nous serons récompensés, si nous « sommes allés au secours des captifs, parce qu'il tient pour fait à lui-même ce que nous faisons au moindre d'entre eux (1). »

Aussi, parlant de l'esclavage tel qu'il existe dans notre conti-

(1) Encycl. *In plurimis.*

nent africain, Léon XIII, dont la parole est d'ordinaire si pleine de modération et de mansuétude, ne croit-il pouvoir le condamner avec trop d'énergie. Il déclare solennellement qu'il est en opposition avec la loi divine et avec celle de la nature : « *contra quod est a Deo et natura institutum* (1). » Il proclame infâme le commerce de l'homme et il n'en connaît pas de plus plein de scélératesse : « *Mercatura qua nec inhonesta magis nec scelerata* (2). » Il fait appel contre lui à tous les chrétiens, et avec quels accents d'autorité et de douleur! Il ne se contente pas d'exhorter, il supplie, lui, le Père de la grande famille chrétienne : « *Hortantibus nobis et rogantibus* (3) » qu'on l'arrête, qu'on le prohibe, qu'on le supprime enfin, dans les régions où il domine : « *comprimant, prohibeant, extinguant* (4). »

C'est ainsi que parlait à Rome, il y a quelques semaines, le successeur de tant de Pontifes qui n'ont cessé de réclamer pour les victimes d'une servitude doublement impie, la pitié, la miséricorde, la justice. Je l'en ai publiquement remercié au nom des évêques et des prêtres de notre Afrique, aux jours mêmes où son Encyclique venait d'être publiée; et Lui, lisant sûrement dans mon âme, a daigné me confier le soin de prêcher cette croisade nouvelle. Certes, une telle charge, ajoutée à tant d'autres, avait de quoi effrayer ma faiblesse, mais comment ne pas l'accepter des mains du Vicaire de Jésus-Christ et comment ne pas la regarder comme l'honneur suprême d'une vie qui va finir!

Cette mission, je la commence dans cette église où a commencé, il y aura bientôt un demi-siècle (5), ma vie sacerdotale, trouvant un heureux augure de ce que je la prêche ainsi, pour

---

(1) Encycl. *In plurimis*.
(2) *Ibid.*
(3) *Ibid.*
(4) *Ibid.*
(5) C'est dans l'église de Saint-Sulpice que le cardinal Lavigerie a été ordonné prêtre.

la première fois, au milieu de fidèles dont je puis dire, comme l'Apôtre (1), que leur piété est connue de tout l'univers.

Ce que je me propose, du reste, de faire aujourd'hui n'est pas un discours étudié; il ne répondrait ni à mes sentiments ni à votre attente. Les artifices d'éloquence, je l'ai dit souvent, *ne conviennent pas à un vieux missionnaire.*

Je vous dirai donc simplement dans cette conférence :

Ce qu'est, dans l'intérieur de l'Afrique, un esclavage devenu, chaque jour, plus horrible;

Comment on peut tenter d'y mettre fin.

I

Par son Encyclique *In plurimis*, Léon XIII vient d'ouvrir la troisième lutte solennelle que l'Église soutient contre l'esclavage.

La première, elle l'entreprit dès sa naissance contre l'esclavage païen. Elle l'attaqua, d'abord, de front, par ses doctrines, enseignant aux hommes à s'aimer parce qu'ils sont frères, étant fils du même Dieu. Elle le poursuivit par les exhortations de ses apôtres, de ses pontifes, de ses docteurs qui prêchaient à tous la justice et la pitié. Elle l'affaiblit de siècle en siècle, par ses institutions et par ses exemples.

Le combat fut long, il est vrai, car il était dirigé contre toutes les corruptions du cœur humain, liguées pour livrer en proie à quelques-uns, des multitudes infortunées :

Humanum paucis vivit genus,

disait atrocement le poète, comme le rappelle Léon XIII pour

(1) *Ep. ad Rom.*, c. I, v. 8.

fixer, d'un mot, le caractère d'une oppression presque universelle. Mais *enfin*, un jour vint où cette lèpre disparut du monde devenu chrétien, et où la liberté que le Christ lui avait léguée triompha.

Au quinzième siècle, après la découverte de l'Amérique, les mêmes passions qui avaient maintenu l'esclavage antique, en firent surgir un nouveau; alors que, pour suppléer à leur petit nombre, les colons eurent recours à l'Afrique et établirent la traite des noirs. Durant plus de trois siècles, elle déshonora le monde par ses cruautés. L'Eglise s'éleva contre elle par ses Missionnaires, *comme* les Claver et les Las Cases; par ses Pontifes, *comme* les Pie II, les Léon X, les Benoît XIV, et de nos temps les Grégoire XVI et les Pie IX. Tous les sophismes, même ceux de l'école, se liguèrent vainement en faveur des possesseurs d'esclaves, la conscience chrétienne finit par parler plus haut que leur cupidité. On vit, au commencement de ce siècle, une généreuse pléiade d'écrivains et d'hommes d'Etat s'élancer à l'assaut de l'ennemi et lui porter des coups sous lesquels il succomba. Les noms de ces nobles défenseurs de la dignité, de la liberté humaine, vous les connaissez, mes très chers frères, ils sont l'honneur de la France, de l'Angleterre, des Etats-Unis d'Amérique.

Frappé à mort, grâce à eux, par l'établissement des croisières européennes, l'esclavage disparut successivement des colonies. Un grand empire tenait encore : le Brésil. Il était réservé à Léon XIII de le voir se rendre à ses vœux, et au noble Prince que, par un juste retour, Dieu vient de rendre à la vie, d'en recevoir, pour son nom, un honneur immortel.

Mais, mes très chers frères, pendant que l'esclavage américain tombait peu à peu, on pouvait entendre des cris de désespoir, chaque jour plus nombreux, s'élever du centre de l'Afrique. Les explorateurs belges, anglais, américains, en portaient les échos jusqu'à nous.

Sans doute, l'esclavage avait toujours existé dans ces régions, mais jamais dans les proportions où il se révèle aujourd'hui, car il menace désormais d'anéantir tout un peuple.

C'est ce que le monde civilisé ne sait pas bien encore, ce que le Vicaire de Jésus-Christ veut qu'il connaisse et ce que je viens vous dire, en ma double qualité de Pasteur, de Père de tant d'infortunés.

Je ne connais moi-même, à fond, ces choses que depuis quelques années; j'en avais passé déjà plus de dix dans l'Afrique du Nord, sans recevoir d'autres révélations sur tant d'infamies que des bruits vagues de l'intérieur. Il y a dix ans enfin, j'ai pu envoyer mes propres fils, les Missionnaires d'Alger, jusqu'au centre des provinces équatoriales, encore presque inconnues. Ce sont les seuls Français qui aient pénétré et se soient fixés jusqu'ici dans ces lointains parages. Il y a dix ans qu'ils y souffrent de tous les maux que traînent après eux, et un climat meurtrier et des fatigues sans fin et la privation de toutes choses; mais leur plus dur martyre est encore d'assister impuissants aux tortures des populations qu'ils allaient évangéliser et qu'ils voient tristement périr. C'est par eux que j'ai su à quel sort lamentable les nègres des grands lacs, poursuivis, traqués comme des animaux, étaient livrés par les marchands esclavagistes. J'aurais voulu, dès les premiers jours, le faire savoir moi-même à tout l'univers, ne voyant, en dehors d'un de ces mouvements de réprobation universelle, qui forcent toutes les volontés, aucun moyen de sauver tant de victimes. J'ai hésité néanmoins. Je me suis demandé si mes révélations, en excitant la haine de ceux dont j'allais dénoncer les fureurs, ne voueraient pas mes fils à une mort plus prompte et plus sûre, et ne priveraient pas ainsi les noirs de l'appui qu'ils pouvaient en attendre.

Mais les temps ont marché, les explorateurs se sont multipliés. Plusieurs ont écrit déjà (1); leurs récits, s'ils n'ont pu tout

(1) A leur tête se trouvent Livingstone, Cameron, Stanley, Burton, Speke, Pinto, etc.

dire, parce qu'un homme qui ne fait que passer ne peut tout voir comme celui qui demeure, ont assez déchiré les voiles pour qu'on puisse les arracher sans retour. D'ailleurs, l'Europe a tourné ses regards vers l'Afrique, les puissances se la sont d'avance partagée. *Ce qui ne paraissait pas possible, il y a dix ans, est possible aujourd'hui.* On peut espérer, malgré leurs divisions, voir se former entre elles ce que Montesquieu appelait déjà, au temps de l'esclavage colonial, une « ligue pour la miséricorde et pour la pitié » (1). Ce n'est pas seulement mon vœu, c'est celui *du Chef de l'Eglise*, et voilà *pourquoi*, après le temps de se taire, alors qu'il n'y avait aucune espérance, vient aujourd'hui le temps de parler.

Sachez donc, mes très chers frères, que depuis plus d'un demi-siècle, et pendant que nos regards étaient fixés sur d'autres *contrées*, le *mahométisme* envahissait peu à peu, sans bruit, avec une persévérance qui ne s'est pas lassée, la moitié de l'Afrique. Dans certaines régions, celles qui sont les plus voisines de nous, il fondait des empires; des autres, il faisait sa proie par l'esclavage. Dieu me garde d'abuser de la parole pour *accuser*, sans y être contraint, les hommes et surtout les peuples. Je vis, d'ailleurs, au milieu des musulmans. S'ils ne me regardent pas comme leur Père, je dois, *en ma qualité de* pasteur, les regarder et les aimer comme mes fils. Mais je ne puis m'empêcher de dire, aujourd'hui, que, parmi les erreurs si funestes à l'Afrique, la plus triste est celle qui enseigne, avec l'Islam, que l'humanité forme deux races distinctes : l'une, celle des croyants, destinée à commander, l'autre, celle des maudits, comme ils l'appellent, destinée à servir; or, dans cette dernière, les nègres tiennent pour eux le dernier rang, le rang même des animaux. C'est à leurs yeux, comme le dit énergiquement Léon XIII, un bétail destiné au joug. **Nata Jugo Jumenta!** (2).

(1) *Esprit des lois*, liv. XV.
(2) Encycl. *In plurimis.*

Parvenus par leurs conquêtes jusqu'au centre d'un continent peuplé de noirs, les musulmans se sont donc mis à l'œuvre que justifient leurs doctrines. De proche en proche, les bandes esclavagistes, créées par eux, ont avancé dans l'intérieur, venant du Maroc, du pays des Touaregs, de la Tunisie, sur Tombouctou et les contrées qui entourent le Niger, de l'Égypte et de Zanzibar sur la région des lacs, et enfin aujourd'hui jusqu'au delà du Haut Congo et presque aux confins des possessions anglaises et des colonies du Cap.

Partout ils font la même chasse impie qui alimente leur commerce.

Tantôt les ravisseurs se dissimulant le long des sentiers, dans les forêts, au milieu des moissons, enlèvent par la violence les femmes, les enfants noirs qui se présentent isolés. Les choses en sont à tel point, près des grands lacs, je rapporte ici textuellement les paroles d'un de mes missionnaires, que maintenant « *toute femme, tout enfant qui s'éloigne à dix minutes de son village n'est plus certain d'y revenir* (1). » L'impunité est absolue. Aucun chef noir des petites tribus indépendantes, entre lesquelles tout le pays est divisé, n'a de pouvoir pour réprimer ces violences. Tandis que les troupes esclavagistes, composées d'Arabes et de métis, de nègres même du littoral, ne sortent qu'armées jusqu'aux dents, les populations sauvages des hauts plateaux de l'Afrique n'ont pour armes que des pierres, des bâtons ou, tout au plus, des flèches et des lances. Aussi sont-elles incapables de lutter contre les brigands qui les envahissent et de se soustraire à leurs coups.

Mais ce n'est pas seulement aux individus isolés qu'ils s'attaquent : ils organisent leurs expéditions comme on organise une guerre, tantôt seuls, tantôt, par un raffinement de scélératesse, alliés à des tribus voisines auxquelles ils offrent leur part du pillage et qui le lendemain deviennent leurs victimes, à leur tour.

---

(1) *Journal mss. du P. Moinet.*

Ils tombent ainsi la nuit sur les villages sans défense; ils mettent le feu aux huttes de paille. Ils déchargent leurs armes sur les premiers qu'ils rencontrent. La population commence à fuir, cherchant le salut dans les bois, au milieu des lianes impénétrables, dans les lits desséchés des rivières, dans les hautes herbes des vallées. On la poursuit, on tue tout ce dont on ne peut pas tirer parti sur les marchés de l'intérieur : les vieillards, les hommes qui résistent; on prend les femmes et les enfants. Mais j'ai décrit déjà ces horreurs. Je me lasse de leur chercher des expressions nouvelles. Ecoutez, mes très chers frères, ce triste tableau, que j'ai fait ailleurs, des caravanes qui entraînent les esclaves :

Tout ce qui est pris est immédiatement entraîné, hommes, femmes et enfants, vers un marché de l'intérieur.

Alors commence pour eux une série d'ineffables misères. Les esclaves sont à pied; aux hommes qui paraissent les plus forts et dont on pourrait craindre la fuite on attache les mains et quelquefois les pieds, de telle sorte que la marche leur devient un supplice, et sur le cou on place des cangues à compartiments qui en relient plusieurs entre eux. C'est la description que nos Pères en font dans leurs lettres.

On marche toute la journée. Le soir, lorsqu'on s'arrête pour prendre du repos, on distribue aux prisonniers quelques poignées de sorgho cru. C'est toute leur nourriture. Le lendemain, il faut repartir.

Mais dès les premiers jours, les fatigues, la douleur, les privations en ont affaibli un grand nombre. Les femmes, les vieillards s'arrêtent les premiers. Alors, afin de frapper d'épouvante ce malheureux troupeau humain, ses conducteurs s'approchent de ceux qui paraissent plus épuisés, armés d'une barre de bois, pour épargner la poudre; ils en assènent un coup terrible sur la nuque des victimes infortunées, qui poussent un cri et tombent en se tordant dans les convulsions de la mort.

Le troupeau terrifié se remet aussitôt en marche. L'épouvante a donné des forces aux plus faibles. Chaque fois que quelqu'un s'arrête, le même affreux spectacle recommence.

Le soir, en arrivant au lieu de la halte, après les premiers jours d'une telle vie, un spectacle non moins horrible les attend. Ces marchands d'hommes ont acquis l'expérience de ce que peuvent supporter leurs victimes. Un coup d'œil leur apprend quels sont ceux qui bientôt succomberont à la fatigue. Alors, pour épargner d'autant la maigre nourriture qu'ils distribuent, ils passent derrière ces malheureux, et d'un coup les abattent. Leurs cadavres restent où ils sont tombés, lorsqu'on ne les suspend pas aux branches des arbres voisins, et c'est près d'eux que leurs compagnons sont obligés de manger et de dormir.

Mais quel sommeil ! on peut le deviner sans peine. Parmi les jeunes nègres arrachés par nous à cet enfer et rendus à la liberté, il y en a qui se réveillent, chaque nuit, pendant longtemps encore, en poussant des cris affreux. Ils revoient, dans des cauchemars sanglants, les scènes abominables dont ils ont été les témoins.

C'est ainsi que l'on marche, quelquefois pendant des mois entiers, quand l'expédition a été lointaine. La caravane diminue chaque jour. Si, poussés par les maux extrêmes qu'ils endurent, quelques-uns tentent de se révolter ou de fuir, leurs maîtres féroces les frappent du glaive, et les abandonnent ainsi, le long du chemin, attachés l'un à l'autre par leurs cangues. Aussi a-t-on pu dire avec vérité, que, si on perdait la route qui conduit de l'Afrique équatoriale aux villes où se vendent les esclaves, on pourrait la retrouver aisément par les ossements des nègres dont elle est bordée.

Enfin, on arrive sur le marché, où on conduit ce qui reste de ces pauvres noirs après un tel voyage. Souvent c'est la moitié, le tiers, quelquefois moins encore, de ce qui a été capturé au départ.

Là commencent des scènes d'une autre nature, mais non moins odieuses. Les nègres captifs sont exposés en vente comme un bétail ; on inspecte tour à tour leurs pieds, leurs mains, leurs dents, tous les membres de leur corps, pour s'assurer des services que l'on en peut attendre. On discute leur prix devant eux comme celui d'une bête de somme, et, quand le prix est réglé, ils appartiennent corps et âme à celui qui le paye. Rien n'est plus respecté : ni les liens du sang, car on sépare sans pitié le père, la mère, les enfants, malgré leurs cris et leurs larmes; ni la pudeur même, car ils doivent se soumettre aux plus honteuses exigences. Enfin, leur vie est à la discrétion de ceux qui les possèdent. Nul n'est tenu, dans l'Afrique centrale, de rendre compte ni des supplices, ni de la mort de ses esclaves.

Pour tout résumer, Livingstone, l'intrépide et grand Livingstone, qui avait été lui aussi, pendant de longues années, le témoin de ces entreprises inhumaines, a écrit ces lignes que je vous prie de méditer :

« Quand j'ai rendu compte de la traite de l'homme dans l'est de l'Afrique, je me suis tenu très loin de la vérité, ce qui était nécessaire pour ne pas être taxé d'exagération; mais, à parler en toute franchise, **le sujet ne permet pas qu'on exagère :** amplifier les maux de l'affreux commerce est tout simplement impossible. Le spectacle que j'ai eu sous les yeux, incidents communs de ce trafic, est d'une telle horreur que je m'efforce sans cesse de le chasser de ma mémoire, et sans y arriver. Les souvenirs les plus pénibles s'effacent avec le temps; mais les scènes atroces que j'ai vues se représentent, et la nuit me font bondir, horrifié par la vivacité du tableau (1). »

Mais ce n'est ici que l'aspect général de ces lugubres scènes. Nos Pères ont été les témoins de détails plus horribles encore. Ils ont vu les bourreaux écumant de rage de ce que leur proie allait leur échapper, tirer le sabre dont ils sont armés et

(1) *Dernier Journal de Livingstone.* — Paris, Hachette, t. II, p. 251.

dont ils tranchent les têtes d'un seul coup, et couper à leurs victimes un bras d'abord, un pied ensuite, et saisissant ces débris les lancer sur la lisière de quelque jungle voisine, en criant à la troupe terrifiée : « Voilà pour attirer le léopard qui viendra t'apprendre à marcher (1). »

D'autres fois (et je le dis pour ceux qui nient la possibilité de relever un jour cette race opprimée), devant la perspective de tant de hontes et de souffrances, la vigueur sauvage s'est élevée jusqu'au sublime. Des femmes ainsi prises dans un jour de chasse, arrachées à leurs enfants, à leurs époux, pour n'être plus que des victimes de la débauche, ont saisi une lance empoisonnée et se la sont plongée elles-mêmes dans le sein (2).

Voilà, je le répète, ce qui a lieu en ce moment dans l'intérieur de l'Afrique équatoriale, sur cinquante points à la fois ; voilà comment les musulmans esclavagistes, foulant aux pieds les lois humaines, les lois divines, les lois de la nature, non seulement créent ces ineffables misères, mais préparent à bref délai la destruction des hommes, des familles, des villages, des provinces de l'Afrique intérieure, pour en faire un immense désert.

Je n'exagère rien, et je ne puis que répéter d'ailleurs, avec Livingstone, qu'on ne peut exagérer lorsqu'il s'agit de l'esclavage africain ; je répète ce que voient, ce que m'écrivent mes fils, ce qu'ont déjà raconté, en partie, les explorateurs les plus dignes de foi, anglais et américains, protestants et catholiques. Jamais, et c'est ainsi que je résume ma pensée, jamais le monde n'a été, nulle part, le témoin d'autant d'excès sacri-

---

(1) *Journal mss. du Père Moinet.*

(2) On trouve dans Cameron un trait semblable : « Une Barotsé, dit-il, jeune » fille très belle, ayant refusé en mariage un homme qu'elle n'aimait pas, fut » donnée par le chef, dans un accès de dépit, à des traitants venus de Benguéla ; » quand elle vit que la chose était sérieuse, elle saisit la lance de l'un de ceux qui » voulaient l'emmener, s'en frappa et tomba morte. » (CAMERON, *A travers l'Afrique.*)

lèges. On s'est élevé avec indignation, et à bon droit, contre la traite coloniale. Mais la traite coloniale avec ses négriers n'approchait pas de la chasse à l'homme, telle que celle-ci se pratique, plus cruelle chaque jour, depuis vingt années, dans l'intérieur de l'Afrique.

Elle n'en approchait ni pour le nombre des victimes, ni pour la basse cruauté des bourreaux, ni pour l'étendue des désastres.

La traite coloniale ne s'exerça guère, en effet, que sur les adultes et plus particulièrement sur les hommes. Ce que demandaient les colons d'Amérique, c'était la plus grande somme de travail pour leurs cultures. Or ce qu'il fallait pour cela, c'étaient des hommes faits. Les enfants étaient presque une charge, jusqu'au jour où ils pouvaient travailler à leur tour. En Afrique, pour la traite de terre, telle que les musulmans esclavagistes l'ont instituée, les conditions sont changées. Lorsqu'ils étaient transportés sur les côtes américaines, les nègres adultes ne pouvaient plus fuir. L'Océan les gardait. Sur terre, au contraire, et voué à ces souffrances, le nègre adulte n'a qu'une pensée : s'enfuir, dans l'espérance de retrouver l'emplacement de son village, ou de garder du moins sa liberté dans quelque tribu ignorée. De plus, sur les hauts plateaux de l'Afrique, la terre, le soleil, les pluies, toutes les conditions de la culture sont si favorables, que le travail de l'homme est presque inutile; celui de la femme suffit. Donc enlever les hommes, les traîner à grand'peine, les nourrir jusqu'aux marchés à esclaves, est une spéculation peu productive. C'est la femme et l'enfant qui, sur les marchés de l'intérieur, ont remplacé l'homme dans la vente. Faibles, timides, ils reculent devant les incertitudes et les dangers d'une fuite. On les achète donc sans crainte, les femmes pour des débauches sans limites, les enfants pour les coups.

Depuis que ce commerce est entre les mains des musulmans polygames, la luxure bestiale des chefs s'est étendue ellemême comme sans frein. On en a vu de puissants comme

Mteça et aujourd'hui Mouanga, roi de l'Ouganda, avoir, à la fois, jusqu'à douze cents femmes. Les plus pauvres en ont tous plusieurs. Dans le centre africain le prix des esclaves n'est pas de nature à décourager ces passions. On cède, aujourd'hui, en certains lieux, plusieurs femmes pour une chèvre, un enfant pour un paquet de sel. *Cela n'a rien qui puisse étonner.* La chèvre, on doit l'élever; le sel, il faut le tirer des salines, le porter au loin; la femme et les enfants, il suffit de les prendre et de les enchaîner. Les choses en sont venues à un point, dont il n'est question dans aucune histoire : l'homme, dans l'intérieur de l'Afrique, est souvent la monnaie qui remplace pour les plus menus achats, toutes les autres, même les coquillages des lacs et de la mer.

O mépris sacrilège! O corruption engendrée par la cupidité! Peut-on y penser sans frémir, sans maudire ceux qui traitent ainsi la nature humaine et la font descendre au-dessous des brutes condamnées au joug : « **nata jugo jumenta!** » faut-il répéter avec Léon XIII, pour en revenir à tout exprimer!

Mais ce n'est pas la seule raison qui rend l'esclavage de terre pire que ne l'était l'esclavage colonial. Pour porter les esclaves dans le Nouveau Monde, le voyage était difficile et de longue durée. La navigation à voiles existait seule. La vente de l'homme dans les colonies était donc forcément limitée. Aujourd'hui, la chasse, la vente sont perpétuelles et à la portée de tous. Il suffit, pour l'alimenter, d'un métis avec sa troupe esclavagiste, de pauvres noirs désarmés pour proie, et de tribus pour acheter le gibier humain. Aussi, pendant que nous ignorions ces choses en Europe, les marchés à esclaves se multipliaient partout dans l'intérieur. Ils ne sont plus, il est vrai, nulle part sur les rivages, depuis qu'il n'y a plus d'acheteurs pour les pays d'outre-mer; mais on les trouve partout dans l'intérieur des terres, dans les villes lointaines du Maroc, dans les oasis du Sahara, à Tombouctou, au sud du Niger et jusqu'au Zambèze, et plus encore sur les plateaux des grands lacs, où la population inoffensive, comme autrefois celle des Indiens du Pérou, encourage l'audace des négriers et leurs appétits féroces, par sa densité même et la fécondité de son sol.

Là se poursuit, surtout, l'œuvre infernale, là nos missionnaires la constatent chaque jour dans les journaux de leurs Missions.

Le dernier courrier de Zanzibar vient de me porter, dans ces journaux de nos Pères, le récit d'une de ces scènes de barbarie. Autrefois, je ne l'aurais pas publié : aujourd'hui que l'œuvre de justice commence, je vais le donner sans retard aux feuilles publiques (1). Vous le pourrez donc lire, et vous y verrez comment ces démons ne respectent rien, ni l'âge, ni le sexe, ni la faiblesse; comment ils étendent les femmes mortes à leurs pieds, lorsqu'elles résistent; comment nos missionnaires sont obligés de souffrir ainsi les angoisses de mille morts, non pour eux-mêmes (ils ont fait d'ailleurs le sacrifice de leur vie), mais parce que, témoins du malheur des noirs, ils restent impuissants à les secourir, ne voulant pas les exposer à quelque nouveau massacre par une résistance inégale; ne pouvant davantage payer la rançon de tous, et ayant le cœur doublement déchiré par la joie de ceux qu'ils délivrent, et par le désespoir de ceux qui partent enchaînés.

Tout ceci, mes frères, je le dis une dernière fois, c'est l'esclavage africain tel qu'il existe en cette année 1888, au dix-neuvième siècle après Jésus-Christ. Vive Dieu! si vos sentiments répondent aux miens, il ne dépendra pas de nous, j'en ai la confiance, qu'il continue ainsi à nous déshonorer en paix!

Mais il en faut finir avec ces détails si émouvants qu'ils soient, car j'abuse du temps qui m'est accordé. Venons aux chiffres précis qui doivent être la condamnation sans appel. Savez-vous, chrétiens, combien la traite musulmane vend d'esclaves depuis

---

(1) Voy. Pièces justificatives, note 2.

dix ans dans l'intérieur de l'Afrique ? Je ne vous donne pas seulement le chiffre de mes missionnaires, **il est de quatre cent mille par année**, je vous donne celui de Cameron, **qui est, AU MINIMUM**, dit-il, **de cinq cent mille** (1) : Vous entendez, **cinq cent mille esclaves** vendus **chaque année** sur les *marchés de l'intérieur africain*, dans les conditions que je viens de dire.

Mais je ne parle que d'esclaves vendus, et, pour tout dire, on doit ajouter, selon les explorateurs et selon nos Pères, à chaque esclave mis en vente, les victimes massacrées dans la chasse humaine, ou mortes de souffrances et de faim dans les caravanes qui se rendent sur les marchés. Les uns disent quatre, les autres cinq, d'autres enfin jusqu'à dix morts pour un seul esclave.

Cameron, confirmant cette estimation, rapporte que, pour se procurer cinquante femmes qu'il devait vendre, *un* de ces tigres a détruit, près de lui, dix villages inoffensifs qui comptaient, chacun, jusqu'à deux cents âmes et massacré tous leurs habitants (2). Si, dans les autres régions où la chasse à l'homme s'exerce, la proportion était la même, **cela ferait deux millions de noirs mis à mort ou vendus chaque année; et en cinquante ans la dépopulation complète de l'Afrique intérieure!**

---

(1) Voici ses propres paroles : « La question qui actuellement se pose au » monde civilisé est celle-ci : Doit-on permettre un commerce d'esclaves qui en » Afrique cause, **AU MINIMUM, une perte annuelle de plus de cinq » cent mille existences,** doit-on permettre à l'odieux trafic de continuer?
» Il n'est pas un être digne de ce nom qui ne réponde négativement. » (CAMERON, *Comment j'ai traversé l'Afrique*, Paris, Hachette, p. 531.)

(2) Voici ce que dit Cameron : « Pour obtenir les cinquante femmes dont Alvez se disait propriétaire, dix villages avaient été détruits; dix villages ayant chacun de cent à deux cents âmes, un total de quinze cents habitants! Quelques-uns avaient pu s'échapper; mais la plupart — presque tous — avaient péri dans les flammes, été tués en défendant leurs familles, ou étaient morts de faim dans la jungle, à moins que les bêtes de proie n'eussent terminé plus promptement leurs souffrances. » (CAMERON, *A travers l'Afrique*, édition Hachette, p. 384.)

Je ne m'étonne pas de cette conséquence en lisant ce que m'écrivent mes fils, qu'il n'y a pas **un seul jour** où il ne passe sur le lac Tanganika une caravane d'esclaves. Aussi, lorsqu'ils *arrivèrent*, il y a dix ans, *aux confins* du Manyéma, la province la plus populeuse de leur voisinage, elle était entièrement couverte de villages et de cultures; et, aujourd'hui, les esclavagistes de Tipo-Tipo ont fait de la plus grande partie de cette région, grande comme le tiers de la France, un désert stérile où l'on ne trouve plus, comme dernière trace des anciens habitants, que les ossements des morts (1).

II

J'ai rempli ma tâche, mes très chers frères. Elle consistait à vous faire connaître, autant qu'on le peut en une heure, une situation que vous ne pouviez soupçonner, dans sa brutale horreur. Il me suffirait de vous laisser méditer maintenant sur ce que je viens de vous apprendre. Je connais assez la France, le monde chrétien, pour être certain qu'en présence de tant d'infortunes et d'iniquités il se fera un mouvement immense d'indignation et de pitié, et que la conscience humaine saura faire accepter et remplir ici par tous, quoi qu'il en coûte, les grands devoirs de la solidarité humaine.

Assez de souffrances ! assez de sang, assez d'opprobres ! assez d'insultes à la civilisation, à tous les principes dont vit le monde chrétien et qu'il ne peut laisser fouler plus longtemps aux pieds ! c'est le cri qui s'élèvera de toutes les poitrines. C'est aussi ce que vous a demandé, ce que vous demande, en

---

(1) Voir pièces justificatives, numéro 3.

ce moment de nouveau, par ma voix, le Vicaire du Dieu de paix.

Mais quels sont, mes très chers frères, les moyens pratiques de combattre l'esclavage africain?

Le premier, mais il restera insuffisant, parce qu'il ne peut sauver à lui seul tant de millions de créatures humaines : c'est la charité. Il renferme d'ailleurs un péril. Tenter de racheter tous les esclaves et en annoncer l'intention, serait allumer des cupidités nouvelles chez les exploiteurs et les porter à multiplier leurs captures. Mais si l'on ne peut ni ne doit aller jusque-là, et si Léon XIII nous signale, comme nous le verrons, un remède plus efficace, qui pourrait dire qu'un missionnaire trouvant sur son chemin quelqu'une de ces malheureuses créatures, ne doive pas, comme le Samaritain de l'Évangile, chercher à soulager ses souffrances et, s'il le peut, à la soustraire à son triste sort en payant sa rançon? Vous verrez ce qu'en disent mes fils, dans la lettre dont j'ai parlé et que je publie en même temps que cette Conférence (1). Vous partagerez, à coup sûr, leurs sentiments et leurs regrets. Ecoutez les accents déchirants de leur impuissance à délivrer les esclaves qu'ils avaient sous les yeux au jour où ils écrivaient :

« Le chef arabe promet de partir demain matin de bonne heure, et nous laisse racheter parmi les victimes de la chasse de cet après-midi, les femmes et les enfants dont nous pouvons payer la rançon. Tout ce que nous avons y passe. Jugez de la joie des élus qui peuvent rentrer dans leurs foyers, mais aussi du désespoir des pauvres malheureux qui ne peuvent participer à la délivrance et qui sont emmenés de force, enchaînés à leurs cangues, au milieu de leurs cris de désespoir! Oh! que n'avions-nous, du moins, de quoi les délivrer tous! »

C'est là, mes très chers frères, que votre concours pour-

(1) Voy. Pièces justificatives, numéro 2.

rait être utile, et, cependant, je ne le sollicite pas, en ce moment. Les années précédentes, prêchant en France, pour mes œuvres d'apostolat, je recueillais directement les aumônes des chrétiens. Je ne vous tendrai pas, cette année, la main dans vos églises. Je n'ose plus rien demander à ceux d'entre vous qui ne sont pas favorisés des dons de la fortune, alors que, par suite des difficultés des temps, toutes les œuvres ordinaires sollicitent leur concours. Mais vous qui avez reçu ces dons, consultez vos ressources et, si ces dernières vous le permettent. écoutez la voix intérieure qui, après que vous m'aurez entendu, vous parlera dans le secret. Elle est plus puissante que la mienne, c'est la voix de Celui qui enseigne que « tout ce que vous ferez en son nom pour ces pauvres captifs, c'est pour Lui que vous l'aurez fait », de Celui en souvenir duquel nous chantons chaque année, que « pour racheter l'esclave, Dieu a livré son propre Fils » (1). Quand vous voudrez accomplir cette œuvre de miséricorde, dans les proportions qu'elle réclame, nos missionnaires sont prêts à vous servir d'intermédiaires (2).

Ceux d'entre vous qui savent l'histoire du passé, se rappelleront aussi que, dans les siècles de foi, les chrétiens pratiquaient « *pour la rédemption de leurs âmes* », comme ils le disaient d'une manière touchante, « la rédemption des captifs », dans les actes de leurs dernières volontés. Ils savaient que le plus sûr moyen d'obtenir pitié du Rédempteur, était d'avoir soi-même participé à l'œuvre de la rédemption.

Mais je le répète, mes très chers frères, la charité si grande qu'elle soit ne pourra suffire à sauver l'Afrique.

Il y faut un remède plus prompt, plus efficace et plus décisif. Notre Saint-Père le Pape, après avoir fait appel à la charité, fait donc appel à la force, mais à une force pacifique, qui s'em-

---

(1) *Ut servum redimeres, Filium tradidisti* (dans l'*Exultet* du jour de Pâques).

(2) Les offrandes destinées à la libération des esclaves noirs peuvent être adressées à la Procure des Missions d'Afrique, 11, rue du Regard, à Paris, au nom de Mgr Brincat, Procureur.

ploierait non pour l'attaque, mais pour la défense. Il s'adresse pour cela aux États chrétiens. Ils y peuvent beaucoup, en effet, en intervenant, par leur puissance morale, auprès des princes musulmans, de qui tous ces esclavagistes africains dépendent et en les rendant responsables de la continuation de leurs infamies.

Nos missionnaires font écho à ce vœu, et ils déclarent que, seule, la force armée peut arrêter les esclavagistes.

« Hélas ! nous écrivent-ils, quand donc un pouvoir européen quelconque voudra-t-il détruire cette maudite traite des esclaves et tous les maux qui en sont le triste cortège ! Il suffirait d'un détachement de soldats européens bien armés et acclimatés pour disperser, en quinze jours de temps, toute cette troupe (un ramassis de deux à trois cents brigands) qui fait la terreur de tous les pays depuis Tabora par Oujiji jusqu'au Manyéma, et sur tout le Tanganika jusqu'à l'Albert-Nyanza (1). »

J'ai la même pensée. Si les calculs de mes fils sont exacts, leur plan est promptement réalisable. Je crois que cinq ou six cents soldats européens, bien dirigés et organisés, suffiraient pour supprimer la chasse et la vente de l'esclave dans les pays qui s'étendent sur les hauts plateaux du continent africain, depuis l'Albert-Nyanza jusqu'au sud du Tanganika.

Déjà une première expérience est faite à cet égard. Il s'est présenté à nous un brave, un héros chrétien (2), ancien officier des zouaves pontificaux et de la campagne de France, qui a voulu, à un âge qui n'est plus la jeunesse, consacrer sa vie à défendre les nègres d'Afrique contre l'esclavage. Il est, depuis plusieurs années, près d'une de nos Missions, à Mpala, sur le Tanganika. Il y est seul, vivant de privations et de sacrifices. Il s'est fait

---

(1) *Journal mss. du Père Moinet.*

(2) M. Joubert ou, comme on l'appelait familièrement à son régiment de Rome, saint Joubert.

le protecteur des villages qui l'entourent. Il a, avec les armes que nous lui avons fournies, formé autour de lui, parmi nos néophytes, une milice de deux cents nègres. Ce ne sont pas, sans doute, des troupes d'Europe, mais, du moins, ils ne sont pas désarmés et ils tiennent en respect, dans un certain rayon, les métis esclavagistes avec leurs Rouga-Rouga (1).

Ce qu'il faudrait donc, c'est que les États européens entre lesquels le Congrès de Berlin a divisé, selon son expression, les zones d'influence dans les régions de l'intérieur, pussent entretenir, chacun dans leur territoire futur, une force suffisante partout où règne la chasse impie. Mais si ces États ne le peuvent pas, comme je le crains, à cause de difficultés d'organisation et de finances peut-être encore insurmontables, pourquoi ne pas laisser revivre, dans ces pays barbares, quelqu'une des associations militaires et religieuses qui, au temps où les populations de l'Espagne, de l'est de l'Europe, des bords de la Méditerranée, étaient, elles aussi, vouées aux invasions et à l'esclavage des Turcs, s'étaient formées pour la défense? Ils portaient les noms restés illustres par le courage et par les services rendus de chevaliers de Malte, de Saint-Lazare, d'Alcantara, de l'Ordre Teutonique, et sous l'autorité de l'Église, avec la protection des princes, recherchaient non pas la conquête, et le sang dont l'Eglise ne peut vouloir, mais la défense des faibles, la répression des violences et suppléaient à ce que l'autorité des États réguliers ne pouvait faire alors.

Pourquoi, jeunes gens chrétiens des divers pays de l'Europe, ne ressusciteriez-vous pas, dans les contrées barbares de l'intérieur de l'Afrique, pour longtemps encore inaccessibles au monde civilisé, ces nobles entreprises de nos pères? Pourquoi, avec les bénédictions de l'Eglise et de ses pasteurs, ne verrions-

---

(1) C'est le nom que les Africains donnent aux brigands qu'emploient les esclavagistes.

nous pas se reproduire parmi vous, ces dévouements qui firent l'honneur du passé?

Il y faudrait, sans doute, une organisation différente et en rapport avec les temps actuels. Les quartiers de noblesse exigés, à la fin, dans les ordres antiques y seraient suppléés par le courage, l'abnégation, la volonté de souffrir et de mourir pour ses frères. Nous aurions ainsi, à côté des descendants de nos nobles familles, des prêtres intrépides, pour servir d'infirmiers et de chapelains, des ouvriers chrétiens sortis de l'atelier, de la charrue pour prendre l'épée, et verser leur sang pour la liberté et le salut de leurs frères, à l'honneur du nom chrétien et de leurs patries respectives. Au milieu des bassesses morales qui envahissent et déshonorent tout, n'est-ce rien que de trouver l'occasion heureuse d'employer glorieusement sa vie, de laisser en mourant la mémoire d'un dévouement héroïque, et de porter, auprès de Dieu, le mérite d'une telle mort!

Tout ne serait pas fait, il est vrai, avec le dévouement de ces chevaliers africains. Il faudrait encore pourvoir aux nécessités matérielles que demandent, au moins pendant les premiers temps, et jusqu'à ce que l'on ait pu se créer des ressources qu'il sera facile plus tard de trouver dans ces espaces immenses qui n'ont point de maîtres, la formation et l'entretien d'une milice religieuse. Mais là, j'oserais compter encore sur une générosité qui ne manque jamais aux entreprises vraiment grandes et saintes, et je ne doute pas que, si des jeunes hommes se présentent en assez grand nombre, pour aller sacrifier leur jeunesse, leur vie dans l'intérieur de l'Afrique au salut de l'humanité, il ne se trouve des chrétiens en nombre égal, pour leur faire une part dans leur fortune, et attacher, eux aussi, leurs noms à une telle œuvre.

Mais je reviendrai un autre jour sur ce sujet, mes très chers frères. Pour aujourd'hui, le temps me contraint de finir.

Permettez-moi seulement, avant de descendre de cette chaire, de vous adresser à tous une demande. Ce qui importe pour le triomphe d'une telle cause, c'est de la rendre populaire. Aidez-moi donc à la faire connaître, vous qui m'avez entendu. Repétez les détails que je vous ai donnés. Si vous avez une voix plus puissante, si vous disposez de quelqu'un de ces organes qui font et dirigent l'opinion, c'est à vous que j'ose adresser plus spécialement ma prière. Journalistes, quel est celui de vous qui n'a pas, dans un ministère aussi délicat et aussi important que le vôtre, commis quelques fautes qu'il ait besoin d'effacer? A quelque opinion que vous apparteniez, car ici je m'adresse à tous sans distinction, à la seule condition qu'ils aient l'amour de l'humanité, de la liberté, de la justice; la miséricorde dont vous userez, en soutenant les pauvres noirs, vous obtiendra un jour à vous-mêmes, auprès de la justice infinie, miséricorde et pardon!

Il est raconté dans les Actes des Apôtres que, pendant que saint Paul prêchait dans l'Asie Mineure, il vit en songe un homme de la Macédoine qui, debout, de l'autre côté du rivage, dans l'attitude d'un suppliant, lui adressait cette prière : « *Transiens... adjuva nos :* Passe la mer et viens nous secourir. » C'est la prière que vous adressent aujourd'hui, par ma voix, les esclaves de l'Afrique! Chrétiens d'Europe, passez la mer qui nous sépare, et venez à notre secours! Saint Paul se rendit à la prière qui lui était adressée. Il délivra, dans la Macédoine, les âmes captives sous le joug du mal. Passez aussi vers le pays des noirs, passez-y, les uns par vos bienfaits, les autres par la force de vos bras, et délivrez enfin ces peuples, assis aux ombres de la mort, et à celles plus tristes encore de l'esclavage.

Ainsi soit-il.

PIÈCES JUSTIFICATIVES

Numéro 1.

Allocution de N. S. P. le Pape Léon XIII aux Evêques et aux Pèlerins de l'Afrique, dans l'audience qui a suivi la proclamation de l'Encyclique « In plurimis » relative à l'abolition de l'esclavage.

Nous ne croyons pas devoir reproduire dans ces pièces justificatives l'Encylcique « *In plurimis* » de Sa Sainteté Léon XIII, relative à l'abolition de l'esclavage, parce qu'elle a été reproduite par tous les organes de la publicité et qu'elle est par conséquent dans toutes les mains. Mais nous voulons y donner le texte officiel des deux allocutions prononcées devant les pèlerins africains, immédiatement après la publication de ces Lettres pontificales. Ces pèlerins étaient présentés au Saint-Père dans une réunion solennelle où se trouvaient plusieurs milliers d'assistants, par NN. SS. les Évêques d'Afrique, ayant à leur tête leur Primat, le Cardinal Lavigerie.

Voici en quels termes s'est exprimé, au nom de tous, ce Prince de l'Église :

« TRÈS SAINT PÈRE,

» C'est un double pèlerinage que j'ai l'honneur de présenter en ce moment à Votre Sainteté : celui du diocèse de Lyon, et celui des Missions africaines.

» Nos Africains, dont les uns descendent des anciens chrétiens qui avaient pour Pasteurs les Cyprien, les Augustin, les Optat, les Fulgence, et les autres représentent les pauvres noirs, ont à vous exprimer aujourd'hui, Très Saint Père, les sentiments d'une immense et respectueuse gratitude. Ils viennent de lire à Rome, hier même, l'Encyclique admirable que Votre Sainteté adresse aux Evêques du Brésil. Ils y ont vu qu'après avoir hâté par vos vœux, par vos prières, l'abolition de la servitude dans un grand empire chrétien où elle existait encore, vous vous êtes souvenu de leur Afrique. Ils ont lu, tracé par vos mains sacrées, le tableau des misères sans nom que l'esclavage fait peser sur les populations de l'intérieur équatorial. Ils ont vu avec quelle vigueur et quelle tendresse apostoliques, après avoir rappelé et flétri tant de crimes, Votre Sainteté s'adresse aux peuples chrétiens pour leur demander, au nom de l'Eglise, au nom de la religion, au nom de l'humanité, de s'opposer à la continuation d'un commerce infâme, et des scélératesses qu'il entraîne après lui. (*Applaudissements répétés. — Vive Léon XIII !*)

» Ce que Votre Sainteté a rappelé et flétri ainsi avec tant d'éloquence, c'est la propre histoire des noirs qui sont en ce moment à vos genoux. Tous, sans exception, ont été les victimes de ces infamies. Tous ont été, par la violence, enlevés à leurs familles, séparés de leurs pères, de leurs mères, qu'ils ont, le plus souvent, vu massacrer sous leurs yeux. Tous ont été traînés sur les marchés à esclaves de l'intérieur, sur ces routes impies dont parle Votre Sainteté avec une vérité qui fait frémir, et qui sont tracées au voyageur par les ossements des nègres esclaves. Tous, enfin, ont été vendus comme un vil bétail; et, si les Missionnaires envoyés par vous, Très Saint Père, il y a maintenant dix années, dès les premiers jours de votre Pontificat, ne s'étaient trouvés là pour les racheter au nom de l'Eglise, avec les ressources d'une œuvre bénie, la Sainte-Enfance, ils seraient encore sous le joug et les coups de maîtres impitoyables, ou déjà morts de leurs souffrances sur les sables arides de nos déserts ! Or, ils ont laissé, dans l'intérieur de notre immense continent, tout un peuple, leur propre peuple, voué à ces effroyables misères : cent millions d'hommes (c'est un chiffre que nous donnent les appréciations des explorateurs), cent millions d'hommes, de femmes, d'enfants, condamnés à une telle vie et à une telle mort !

» Oh ! Très Saint Père, de quelles bénédictions les noirs de notre Afrique couvriront un jour votre nom ! (*Applaudissements.*) Comme il leur restera cher et sacré, dans le cours des âges, lorsqu'ils sauront avec quelle bonté paternelle vous avez, alors que tous semblaient indifférents à leur sort, élevé la voix en leur faveur; avec quelle charité apostolique vous avez réclamé pour eux la justice et la paix ! (*Nouveaux applaudissements.*)

» Il semble, Très Saint Père, que la divine Providence ait tout disposé pour que vous pussiez, dès la première heure, recevoir l'expression d'une reconnaissance si justement due, et avoir ici comme une confirmation visible de votre parole. C'est la première fois, dans le cours des siècles, que des nègres chrétiens, partis du centre même de l'Afrique, paraissent devant le Vicaire de Jésus-Christ, et, sans que rien ait pu le faire prévoir, ils se trouvaient dans votre ville de Rome, le jour même où votre voix, faisant écho à celle de vos plus glorieux prédécesseurs, les saints Grégoire, les Innocent III, les Benoît XIV, rappelait au monde les droits de l'humanité, de la nature, si affreusement violés, et l'obligation pour les chrétiens de faire cesser tant d'horreurs ! (*Vifs applaudissements.*)

» C'est près des tombeaux de saint Pierre et de saint Paul qu'ils Vous ont entendu rappeler dans le beau langage de Votre Encyclique, que, dès l'origine, ces deux grands Apôtres ont proclamé l'abolition de l'esclavage, en proclamant la liberté que Jésus-Christ a rendue à tous les hommes, justifiés par ses souffrances et par sa mort. Et maintenant ils Vous voient, Très Saint Père, et il leur semble entendre, une fois de plus, Pierre vivant dans votre personne sacrée pour y instruire et gouverner l'Église, et ils répètent avec les Pères de Chalcédoine ce que ceux-ci disaient d'un autre Léon qui ne sera plus le seul, désormais, à porter le nom de Grand (*Applaudissements. — Vive Léon XIII le Grand!*) dans l'histoire de l'Église : *Petrus per Leonem locutus est!* (*Applaudissements nouveaux.*) Ils Vous voient et ils se rappellent que Paul, le Docteur des Nations, était prisonnier, alors qu'il élevait la voix en présence des tyrans païens pour demander la liberté des esclaves : *Paulus, vinctus Jesu Christi*, c'est ainsi qu'il commence sa lettre à Philémon pour lui recommander l'esclave Onésime. Il n'était pas seulement prisonnier, il se courbait déjà sous le poids des années, car il reprend et il ajoute : *Paulus senex et vinctus Jesu Christi.*

» Mais sa prison et sa vieillesse n'ont pas empêché que sa voix n'ait retenti jusqu'aux extrémités du monde, qu'elle n'ait traversé les siècles, et qu'elle ne demande encore à tous les chrétiens de ne plus regarder aucun homme comme un esclave, mais de les tenir tous comme des frères très chers en Jésus-Christ : *Non jam ut servum, sed ut fratrem carissimum suscipe.* (*Applaudissements.*)

» C'est que saint Paul, dans sa prison et malgré sa vieillesse, était armé de la force d'en haut, et, avec cette force divine, la jeunesse se renouvelle pour combattre et vaincre même ceux qui sont forts en apparence, et la parole prend le vol de l'aigle pour éclairer les intelligences rebelles et gagner enfin les cœurs les plus durs : *Renovabitur ut aquilæ juventus tua!* (*Vifs applaudissements.*)

» Et que voyons-nous autre chose, Très Saint Père, lorsque, pour répondre à l'amour de vos fils, Vous surmontez comme miraculeusement des fatigues auxquelles succomberait la jeunesse, et, de ce tombeau de Pierre, auprès duquel Elle ne trouve même plus la liberté de son ministère auguste, Votre Sainteté annonce aux esclaves de notre Afrique l'aurore de leur liberté : *Renovata est ut aquilæ juventus tua!* (*Applaudissements prolongés.*)

» Soyez béni, Très Saint Père, d'avoir fait entendre en leur faveur cette parole de consolation et d'amour! Soyez béni, au moment où le monde entier salue comme un triomphe unique votre Jubilé pontifical, d'avoir voulu donner, avec l'espérance, une part de cette joie à tant de nations infortunées! (*Applaudissements.*)

» Très Saint Père, ce sont les sentiments que vous expriment par ma voix ces anciens esclaves devenus vos fils et nos frères, et pour lesquels j'ose implorer, ainsi que pour les descendants des chrétiens de l'Afrique, pour notre France, pour ces vénérables Évêques, pour ces Prêtres, pour ces Missionnaires, et pour toute cette chrétienne assemblée, votre bénédiction apostolique. » (*Applaudissements prolongés. — Cris unanimes et répétés de vive Léon XIII.*)

Après ce discours, le Saint-Père a pris lui-même la parole en ces termes :

« Monsieur le Cardinal,

» Par une disposition merveilleuse de la Providence, notre Jubilé sacerdotal vient d'être chez tous les peuples catholiques l'occasion de manifestations éclatantes et extraordinaires de foi et d'attachement au Vicaire de Jésus-Christ. — Non contents de Nous témoigner leurs sentiments par des lettres d'une piété touchante et par des dons très précieux, ils ont voulu se faire représenter auprès de Nous et Nous offrir personnellement leurs filials hommages et leurs félicitations. Nous avons vu accourir ainsi successivement à Rome des pèlerinages et des députations non seulement de tous les pays d'Europe, mais jusque des régions les plus reculées du globe. La France, comme il convenait à son noble caractère et à son titre privilégié, avait donné le premier élan à ce mouvement religieux par son pèlerinage des ouvriers, et par plusieurs autres depuis. — Il vous était réservé, Monsieur le Cardinal, d'en continuer la pieuse série aux solennels jours de la Pentecôte, en amenant ici ce pèlerinage africain.

» Ainsi que vous l'avez observé, c'est la première fois qu'un Pape voit devant lui, à Rome, les descendants des anciens chrétiens d'Afrique, de cette terre autrefois si féconde en Saints, et depuis des siècles si triste et si désolée. — Vous l'avez dit, Monsieur le Cardinal, dès le début de notre Pontificat, nos yeux se sont portés vers cette terre déshéritée, notre cœur s'est ému au spectacle des innombrables misères physiques et morales dont elle est le théâtre. Nous avons cherché, dans la mesure de nos forces, à y porter un remède convenable et salutaire. Par la reconstitution de l'antique siège de Carthage, Nous avons voulu faire revivre le souvenir des Cyprien, des Augustin, et de leurs chrétientés jadis si florissantes ; et par ce fait préparer la reconstitution de l'ancienne Église africaine. — Étendant notre regard à tous les autres points de ce continent mystérieux, où tant de millions d'âmes n'ont jamais entendu la parole de l'Évangile, Nous leur avons envoyé des Missionnaires et des Apôtres courageux et zélés. — Ce qui par-dessus tout n'a cessé de remplir notre âme de tristesse et de commisération, c'est la pensée de ce grand nombre de créatures humaines, réduites par la force et la cupidité à un esclavage honteux et dégradant. — Dans ces jours mêmes, nous avons publié la Lettre Encyclique, dont vous venez de parler tout à l'heure, Monsieur le Cardinal, adressée aux Évêques du Brésil. Après les avoir félicités de l'heureux événement qui vient de se produire en leur pays ; après avoir exposé la doctrine de l'Église catholique et rappelé la constante sollicitude des Pontifes romains à ce sujet, suivant l'exemple de nos prédécesseurs, **Nous avons invité et vivement engagé tous ceux qui ont le pouvoir entre les mains de mettre un terme au hideux trafic appelé — LA TRAITE DES NÈGRES — et à employer tous les moyens pour que cette plaie ne continue pas davantage à déshonorer le genre humain. Et puisque le continent africain est le théâtre principal de ce trafic, et comme la terre propre de l'esclavage, dans cette même lettre nous recommandons à tous les Missionnaires qui y prêchent le Saint-Evangile, de consacrer toutes leurs forces, leur**

vie même, à cette œuvre sublime de rédemption, à l'exemple du glorieux Pierre Claver, que Nous avons récemment canonisé. A ces Missionnaires, Nous recommandons aussi de racheter autant d'esclaves qu'il leur sera possible, ou du moins de leur procurer tous les soulagements de la plus tendre charité de père et d'apôtre. **Mais c'est sur vous surtout, Monsieur le Cardinal, que Nous comptons pour le succès. Nous connaissons votre zèle actif et intelligent. Nous savons tout ce que vous avez fait jusqu'à ce jour, et Nous avons la confiance que vous ne vous lasserez pas, avant d'avoir mené à bonne fin vos grandes entreprises.**

» Avant de terminer, Nous voulons, chers enfants d'Afrique, vous dire combien Nous vous félicitons de la grande grâce que le Dieu très miséricordieux vous a faite en vous arrachant aux ténèbres du paganisme, et même aux fers de l'esclavage, pour vous établir dans la lumière, dans la sainte liberté de la foi chrétienne. Persévérez dans vos pieux sentiments; soyez constamment fidèles aux promesses de votre baptême, et, à votre tour, devenez les apôtres et les messagers de la bonne nouvelle auprès de vos innombrables frères moins fortunés que vous.

» Et maintenant, il ne Nous reste qu'à vous accorder, comme gage de notre paternelle affection, la bénédiction apostolique d'abord à vous, Monsieur le Cardinal, et ensuite aux évêques, aux directeurs du pèlerinage, à vous tous, ici présents, à vos familles, à vos œuvres, et à toutes les missions du continent africain. » (*Longs et vifs applaudissements. — Cris répétés sans fin de vive Léon XIII.*)

PIÈCES JUSTIFICATIVES

Numéro 2.

Extraits du Journal manuscrit de la Mission de Kibanga, près du lac Tanganika, adressé à S. E. le Cardinal Lavigerie, par le dernier courrier de Zanzibar.

Kibanga, 3 décembre 1887.

Fête de saint François-Xavier.

La matinée se passe comme à l'ordinaire, vers midi nous commençons à voir sur les collines qui entourent notre station des nègres qui semblent fuir en se dirigeant vers notre tembé (1). Les premiers arrivés nous apprennent qu'un chef métis esclavagiste (2) de l'est du Tanganika vient fondre sur la contrée. Beaucoup d'indigènes éloignés de la Mission se sauvent chez nous, avec tout ce qu'ils possèdent.

Tout d'abord nous croyons que ce n'est qu'une fausse alerte comme il en arrive souvent dans ces contrées, mais vers trois heures nous voyons défiler au loin, vers l'est, une troupe de métis et de nègres armés, sur les hauteurs qui se trouvent en deçà de la rivière Louvou, limite du terrain de notre Mission. Tous nos néophytes fuient en toute hâte chez nous.

En effet, ce sont les soldats de Mohammed, qui viennent faire leur razzia, comme ils en font dans tous les pays qui nous environnent; nous apprenons qu'ils viennent de saisir deux de nos enfants. Aussitôt toutes les mesures de prudence sont prises; le tembé est fermé et des munitions sont distribuées aux nègres de notre village, dont une vingtaine vont avec le T. R. P. Supérieur et le Père Vyncke au-devant des pillards pour les arrêter et leur demander compte de leur invasion sur le terrain de la Mission, pendant que les autres, avec le P. Guillemé et le F. Jérôme, gardent la maison et rassurent les fugitifs. Arrivée à environ 250 mètres de notre enceinte,

(1) C'est une vaste enceinte en pisé qui entoure la maison des Missionnaires et est destinée à donner asile à leurs nègres en cas de péril.

(2) La plupart des esclavagistes qui font avec leurs troupes infernales la chasse à l'esclave sont des métis de nègres et de musulmans arabes, qui n'ont eux-mêmes de musulman que le nom, et dont la cruauté est proverbiale dans toute l'Afrique. « Dieu a fait les blancs, disent les indigènes, *Dieu a fait » les noirs, mais c'est le démon qui fait les métis.* »

notre avant-garde se trouve en présence des Rouga-Rouga (1) qui ont passé, drapeau rouge en tête, à travers les villages, fait main basse sur tout ce qu'ils ont trouvé, choses et gens, et sont en train de poursuivre quelques fuyards éperdus dans les hautes herbes d'une vallée.

On leur crie de s'arrêter, de venir parlementer, de dire pourquoi et de la part de qui ils viennent, mais, au lieu de répondre, ils changent de direction et vont vers un autre village du côté du Tanganika. Mais bientôt des renforts arrivaient aux brigands; une bande d'une cinquantaine d'hommes sort du côté des collines du Louvou et vient se joindre à l'avant-garde.

Nous étions alors à une dizaine de minutes de la maison. Ne voulant pas commettre l'imprudence de nous éloigner davantage, et voulant empêcher les chasseurs à l'homme d'entrer dans notre enceinte, — ce qui serait arrivé certainement sans cette première sortie, — le Père donne le signal de se replier. La retraite s'effectue en bon ordre. Grâce à l'arrivée de quelques-uns de nos nègres chrétiens envoyés par le T. R. P. Provicaire, qui faisaient entendre le feu de la fusillade, les Rouga-Rouga n'osèrent pas pour suivre nos tirailleurs qui rentrèrent tranquillement dans la Boma (2) sans être inquiétés. Durant ces premiers incidents tous les pauvres sauvages du pays qui avaient confiance en nous (d'autres s'étaient enfuis sur le lac ou dans les hautes herbes) étaient venus se blottir sous nos ailes protectrices, bien assurés qu'au dehors ils seraient, comme toujours, pris comme esclaves ou massacrés impitoyablement. La panique était grande parmi les femmes et les enfants de nos chrétiens, mais ils avaient confiance en Dieu et ils priaient. Les enfants de l'orphelinat disaient le chapelet à la chapelle, les femmes récitaient en pleine cour du tembé toutes les prières de leur répertoire. Les hommes de nos villages chrétiens reçurent d'abondantes munitions, mais ordre était donné de ne pas sortir et de s'en tenir à défendre l'accès de notre *boma* en cas de nouvelle attaque et à brûler jusqu'à la dernière cartouche à travers les meurtrières de notre enceinte heureusement terminée, plutôt que de laisser tomber entre les mains des brigands arabes, les femmes et les enfants dont nous avons racheté les corps et les âmes, ainsi que les pauvres indigènes qui cherchaient leur salut chez nous. En attendant, nous essayons de parlementer avec l'ennemi, de savoir si vraiment Mohammed, qui se disait notre ami, a commandé à ses gens de piller la Mission, s'il n'a pas reçu d'instructions de Saïd Bargash (3) pour nous respecter.

L'effectif de notre personnel dans notre enceinte murée se composait d'environ cent hommes armés de fusils (dont une dizaine à tir rapide mais avec peu de cartouches), près de deux cents sauvages avec des lances, de trois à quatre cents femmes et autant d'enfants y compris notre orphelinat, total : environ mille personnes.

Nous voilà donc sur le qui-vive et à garder notre colline, nous mettant nous-mêmes sous la garde de Dieu. Mais la nuit approche; les Wangwana ne trouvant plus personne sur leur passage occupaient sans coup férir les villages environnants, et immédiatement ils se mettaient à faire main basse sur tous les objets qui se trouvent

---

(1) *Brigands*. C'est le nom que portent dans la langue indigène ces bandes d'esclavagistes.
(2) C'est le nom que l'on donne aussi au tembé ou enceinte fermée.
(3) On ne connaissait pas encore sa mort à cette date, au Tanganika.

à leur portée. Nous les voyons du haut de notre butte attraper les volailles, arracher les cultures et voler tout ce qu'ils trouvent, dans les cases, et que les pauvres habitants n'ont pu emporter dans leur fuite précipitée. Nous aurions pu les inquiéter dans leur pillage en leur envoyant quelques projectiles avec les fusils à longue portée, mais nous préférions savoir enfin à quoi nous en tenir pour nos chrétiens et parlementer avec eux. Ils répondirent à notre appel cette fois-ci et dirent qu'ils étaient bien les hommes de l'Arabe Mohammed et que leur chef de troupe n'allait pas tarder d'arriver. En effet, ce lieutenant arriva vers six heures et demie, et ne pouvant venir lui-même jusque près de nous, à cause d'un mal de jambe vrai ou prétexté (on ne sait trop ce qu'il faut croire quand un Mgwana parle), il nous envoyait un billet pour nous dire que son maître avait reçu de Saïd Bargash des instructions pour ne pas piller chez les blancs, et que sa troupe venait simplement battre les nègres du pays. En même temps il nous envoyait une femme indigène (la belle-mère d'un de nos chrétiens) qui avait été capturée dans un des villages, et nous disait que le lendemain, de bonne heure, on arrangerait bien toutes les affaires.

Enfin, nous savons à quoi nous en tenir pour nos gens, et nous les rassurons en leur disant de bien prier pour qu'il n'y ait pas de guerre; mais nous faisons bonne garde avec nos hommes et prenons toutes les précautions possibles pour être à l'abri d'un coup de main ou de la trahison, dont ces sauvages métis mahométans seraient bien capables.

Dimanche, 4 décembre.

Dieu soit béni! La nuit a été calme, les sentinelles n'ont rien eu à signaler, aucune alerte n'est survenue. Nous disons nos messes de bon matin, ajoutons un Pater et un Ave à la prière pour demander à la Sainte Vierge, Saint Joseph, Saint Michel et tous nos anges gardiens de nous tirer d'embarras; puis, vers sept heures, le T. R.P. Provicaire et le Père Vyncke vont trouver le chef dans son campement, un de nos hameaux abandonnés dans l'invasion d'hier. Ce lieutenant de Mohammed est un métis de petite taille, de vingt-cinq à trente ans, petite barbe noire, teint très bronzé. A peine introduit dans la case, le T. R. P. Provicaire demande si c'est ainsi, en venant saccager le pays jusque sous les murs de notre habitation, qu'on tient compte des ordres de Sa Hautesse le Sultan de Zanzibar. L'autre se confond en excuses, il dit avoir donné ordre à ses gens de ne rien piller chez nous, de ne pas se battre contre nos enfants, etc.; qu'il venait seulement, d'après les ordres de son chef, après avoir battu le Mténis (1) de la presqu'île, battre également le Moami (2) Poré (ce sont les deux chefs voisins de la Mission); que pendant que lui, commandant des troupes, se trouvait avec ses nyampara (3) à l'arrière de la colonne, ses Rouga-Rouga (4) indisciplinés, ayant faim après dix jours d'expéditions, avaient pu ne pas distinguer entre le pays

(1) Chef nègre.
(2) Roi nègre.
(3) Capitaines.
(4) Brigands.

de Poré et le nôtre, et qu'ainsi quelques déprédations avaient pu être commises contre sa volonté. Le T. R. Père exige qu'on restitue immédiatement les deux enfants qui ont été saisis chez nos néophytes, ce à quoi on fait droit. Enfin tout s'arrange à l'amiable, grâce à la fermeté du T. R. Père. Le chef des troupes défend à ses hommes de piller n'importe quoi dans nos cultures, et dit à nos gens de chasser tous les maraudeurs.

En reconduisant les Pères qui quittent le campement, Bwana Masoudi nous promet une visite pour l'après-midi. Il vient effectivement avec sa suite, une dizaine de brigands; nous empêchons le reste de sa tourbe d'entrer dans l'enceinte, par mesure de prudence. Le pauvre chef a revêtu pour la circonstance sa grande tenue, une longue veste rouge comme en portent les laquais ou les suisses chez les grands seigneurs en Europe. Il cause beaucoup et répond à nos nombreuses questions sur les pays qu'il a saccagés, sur le Rouando du Nord, sur les lacs Kiro et Kangaro, le Manyéma, l'Ounyabemba, l'Ouboudjwé, etc., etc. Il est mendiant comme tous les gens de cette race de métis-arabes-nègres; nous écartons poliment ses demandes de cartouches et le contentons avec une paire d'espadrilles, de vieux souliers et une bouteille vide qu'il nous demande avec instance.

Mais, au soir, nous assistons dans le pays qui nous environne au triste spectacle d'une razzia d'esclaves; partout on voit flamber les villages, les gens se sauver sur le lac. Les Rouga-Rouga reviennent chargés de poulets, de chèvres, de paquets de poissons, de moutama, etc., etc. Une troupe d'une trentaine de brigands parcourt sous nos yeux les collines et les bas-fonds de la rivière Maongolo où sont cachés de pauvres fuyards; **ils reviennent au soir avec les femmes et les enfants liés!**

C'est un spectacle affreux! On voudrait pouvoir fusiller sur place ces ignobles bandits sans foi ni loi qui volent ainsi des créatures humaines pour les plonger dans le double esclavage de l'âme et du corps. Nous aurions peut-être la chance de délivrer beaucoup de malheureux en permettant à nos gens armés de sauter sur cette troupe de démons incarnés, mais ce serait la guerre ouverte, et la Mission serait perdue.

Hélas! quand donc un pouvoir européen quelconque voudra-t-il détruire cette maudite traite des esclaves et tous les maux qui en sont le triste cortège! Il suffirait d'un détachement de cinquante soldats européens bien armés et acclimatés pour anéantir, en quinze jours de temps, toute cette vilaine troupe (un ramassis de deux à trois cents brigands) qui fait la terreur de tous les pays depuis Tabora par Oujiji jusqu'au Manyéma, et sur tout le Tanganika jusqu'à l'Albert-Nyanza.

Si la conférence de Berlin et les démarches des consuls n'ont pu amener que de si maigres résultats, il faut reconnaître que le prestige de l'Europe ne doit guère briller aux yeux des indigènes qui espéraient voir disparaître les traitants avec toutes leurs infamies.

Mais qu'y pouvons-nous faire, pauvres missionnaires, sinon prier Dieu pour la pauvre race noire et pour ses pires ennemis qui sont les Arabes et les métis! Mais qu'il est horrible de voir ces chasses à l'homme!

Au soir de ce triste dimanche qui ne s'effacera jamais de notre mémoire, le cœur plein de ces pensées, le T. R. P. Supérieur envoie le P. Vyncke au camp arabe pour demander qu'on mette au plus tôt fin à ces indignes vexations, que la troupe déguerpisse au plus vite et qu'on laisse rentrer nos nègres chrétiens dans leurs villages où on a détruit presque toutes les plantations. Le chef arabe, qui est incapable de faire respecter l'ordre dans les rangs de ses coquins, promet de partir demain matin de bonne heure, et nous laisse racheter, parmi les victimes de la chasse de cet après-midi, les femmes et les enfants dont nous pouvons payer la rançon. Tout ce que nous avons y passe. Jugez de la joie des élus qui peuvent entrer dans leurs foyers, mais aussi du désespoir des pauvres malheureux qui ne peuvent participer à la délivrance et qui sont emmenés de force enchaînés à leurs cangues, au milieu de leurs cris de désespoir! Oh! que n'avions-nous de quoi les délivrer tous!

Lundi, 5 décembre.

Encore une fois, Dieu soit loué!... Ce matin, à sept heures, les oppresseurs, les *meurtriers infâmes de notre paisible population sont partis et nous ont quittés* à travers une pluie battante, emportant l'exécration de tous les indigènes. Ils étaient près de trois cents en tout, une troupe comme celles qui viennent de la côte avec tambour et drapeau, portefaix, femmes et enfants, etc... La caravane des esclaves suivait tristement. Une pauvre vieille emmenée en captivité, passant à côté du bon Frère Jérôme, veut s'attacher à ses habits et lui crie de la sauver; mais il n'y peut rien et elle est entraînée comme une bête de somme, la corde au cou... Il ne restait plus rien pour la racheter... Le défilé a été assez long, l'arrière-garde est restée jusqu'après la pluie; nous ne leur souhaitons ni adieu ni au revoir. Ces horribles sangsues sont tombées maintenant sur l'Oubembé où on voit de loin s'allumer les incendies.

Ces tristes expéditions sont de véritables pompes pneumatiques de l'enfer; elles font le vide autour de nous, tous les villages où nous allions encore hier faire le catéchisme sont maintenant de vastes déserts.

Une pauvre femme de celles que les Rouga-Rouga avaient prises, vient de mourir sous nos yeux. Elle s'était débattue en criant lorsqu'on l'avait arrêtée, ne voulant pas se laisser enchaîner; alors un de ces brigands lui avait déchargé un coup de pistolet dans le sein. Elle tomba mortellement blessée. Elle était enceinte et peu après elle accouchait d'un enfant mort. Elle-même se tordait dans d'atroces douleurs; nous la prîmes et l'emportâmes dans le tembé. Elle connaissait déjà un peu la religion, nous lui parlâmes du ciel et du baptême. Elle accepta celui-ci, le reçut et cessa de se plaindre. Elle est morte! O Dieu! qui nous délivrera de tant d'horreurs!...

(R. P. Moinet, de la Société des Missionnaires d'Alger.)

PIÈCES JUSTIFICATIVES

Numéro 3.

Quelques extraits du Journal des Missionnaires d'Alger et des explorateurs Livingstone et Cameron pour confirmer par des témoignages précis la conférence faite à Saint-Sulpice sur l'esclavage.

Pour faire suite à la pièce qui précède, nous croyons devoir donner ici quelques extraits du Journal manuscrit des Missionnaires d'Alger et des récits imprimés, également en forme de journal, des explorations de Livingstone et de Cameron, les deux voyageurs qui ont le mieux étudié ces mêmes régions de l'Afrique équatoriale. Ces extraits n'ont, comme cela est naturel pour un journal de voyage, d'autre ordre que celui du temps. Ils se rapportent tous à l'esclavage.

EXTRAITS DU JOURNAL DES MISSIONNAIRES D'ALGER

« La caravane d'Arabes qui, depuis plus d'un an, fait son commerce dans le Marungu, est passée chez nous malgré les appréhensions du chef de cette caravane. Il me donna un enfant pour sa bonne venue et je pus racheter treize enfants, de tout petits enfants qui ne pouvaient suivre la marche et qu'on devait porter, ainsi que les malades que pour quelques sous on nous laissait. On aurait bien voulu notre bateau pour aller sur le lac, au moins jusqu'à l'Uguha, mais il nous est impossible de nous prêter à un tel commerce. Encore cent cinquante créatures humaines qui suivent la chaîne au cou le chemin si rude de l'esclavage. Plusieurs autres caravanes, qui étaient aussi dans le Marungu à y faire leur boule de neige, sont également passées par ici. Tipo Tipo doit y revenir aussi avec Kampa Kampa son frère, celui-là même qui a conduit la caravane de nos Pères, avec Mohammed ben Baffan : ils doivent y faire une grande guerre. »

***

« Je crois voir en ce moment une recrudescence de mouvement commercial chez les Arabes. Le Manyéma est scruté dans tous les sens, pressé, pressuré jusqu'à la dernière goutte. Le Marungu est traversé en tous sens aussi ; voilà que je vois passer sous mes yeux plus de trois cents esclaves. A Mtoa (Uguha) il n'y a pas de jour où les bateaux ne chargent pour Ujiji des centaines d'esclaves. »

***

« On devrait bien, dans les pays d'Europe où l'on veut abolir le commerce arabe, aller un peu plus vite, dire un peu moins de paroles et agir un peu plus : ce ne sont pas les paroles qui guériront cette plaie, mais les actes. Congrès, conférences, meetings, partout on pérore ; on parle bien, si vous voulez ; mais au loin et sur les lieux de l'intérieur de l'Afrique, où l'on a eu vent de tout cela, on s'agite et on augmente la traite sans qu'il y ait personne pour s'y opposer. »

***

« Mzovera, instrument fidèle entre les mains de l'Arabe Zed de Tabora, occupé depuis plus d'un an à dépeupler le Marungu, se trouve cette fois, malgré ses appréhensions, forcé de traverser notre petit territoire avec son triste butin, fruit de ses exploits. Rencontrant dernièrement un de nos hommes, il lui fit part ouvertement de ses craintes et de son désir de suivre une autre route, craignant d'étaler à nos yeux ses captures humaines. Son butin se compose d'ivoire et d'esclaves ; ces derniers au nombre de deux cents, femmes, hommes et enfants, se trouvent enlacés dans de longues chaînes comme des grains de chapelet. « Caravane lourde, dit Mzovera, à nulle autre pareille ; » douze jours chez Kyula ; neuf chez Katela ; il devra rester vingt et un jours chez nous avec des gens épuisés par la fatigue, les mauvais traitements et le manque de nourriture. Dans le but d'abréger son voyage et ses dépenses, il aurait voulu louer nos bateaux pour conduire ses esclaves à Ujiji, pensant également que son monde, souffrant du mal de mer, économiserait la nourriture ; nous nous sommes refusés avec indignation à son honteux stratagème. Il fut donc dans la nécessité de nous céder une partie de ses esclaves, ne pouvant leur procurer la nourriture qui leur était strictement nécessaire pour ne pas succomber d'inanition. Nous avons pu racheter ainsi onze enfants dont deux sur le point de mourir, réduits à l'état de squelettes : aussi avons-nous pu nous les procurer pour sept francs.

» Très volontiers nous nous entretenons avec les plus grands qui nous donnent les détails les plus navrants sur leur existence. Dans leur ingénuité enfantine ils nous disaient : « Ces Wangwana nous brisent les jambes, ils nous prennent pour nous faire mourir de faim, marcher sur les pierres, nous n'en voulons plus. Nous voulons rester ici chez le blanc, nous y sommes si bien, au moins nous pouvons manger. » Un pauvre petit qui avait certainement été pris à la mamelle (il peut avoir de deux à trois ans) disait à l'un de ses camarades : « Il faut nous échapper et repartir auprès de notre mère; » il doit être à sept ou huit jours de chez lui. Son petit camarade vint immédiatement m'avertir : « Kabwilé veut se sauver », me dit-il. — Le P. Moinet le consola de son mieux. « Attends un peu, mon enfant, lui dit-il, les pluies sont encore abondantes, les rivières sont fortes et les chemins mauvais. — Mama ! Mama ! nataka mama, maman, maman, je veux maman. — Il est trop tard aujourd'hui, lui répond le Père, et puis, si tu pars, les Wangwana vont encore te prendre et te faire souffrir, alors tu ne pourras plus voir ta maman; si tu restes avec moi, tu la reverras, et les Wangwana ne pourront plus te faire de mal. » L'enfant finit par se rendre aux raisons du P. Moinet et par se calmer. Tout ce petit monde nous fut cédé uniquement parce qu'il encombrait la caravane; sans cette raison nous n'aurions pu les racheter; à Ujiji, ils auraient été vendus plus cher. Pendant son séjour, Mzovera ne manqua pas à la visite du matin. D'ailleurs, outre la politesse dont les Arabes sont parfois prodigues, la visite était gratuite : aussi se faisait-il suivre de vingt ou trente malades qui tous recevaient les soins du P. Moinet. »

***

« Je viens au triste spectacle que j'ai en ce moment sous les yeux. La caravane que nous avons actuellement sur notre territoire se compose non seulement d'enfants cruellement arrachés à l'affection de leurs parents, mais aussi de vieillards qui se voient forcés de partager les tortures d'un enfant, d'un petit-fils peut-être. La jeunesse est méprisée, la vieillesse outragée, l'infirmité même ne trouve pas grâce dans le cœur de ces cruels barbares, qui, les confondant tous, leur font endurer les mêmes souffrances en leur tenant les jambes fortement serrées dans de gros morceaux de bois percés. »

***

« Quels crimes ont donc commis ces enfants, ces pauvres vieillards, dit le P. Moinet à Mzovera, le chef de la troupe esclavagiste. — Ils se sauveraient, répond Mzovera. — Mais alors pourquoi retirer ces pauvres gens de leur pays? Pourquoi ne pas les y laisser mourir en paix? — Pour en tirer un bénéfice en les vendant. — Mais quel bénéfice tireras-tu de ces vieillards avancés en âge, sans force, qui, peut-être, trouveront la mort pendant le trajet? Pas un de tes esclaves n'arrivera au terme si tu les prives ainsi de nourriture : deux sont déjà morts chez nous; de plus, pour une somme dérisoire nous t'avons racheté d'autres mourants. Pourquoi ne soignes-tu pas mieux tes esclaves! — Comment veux-tu, lui répond Mzovera, que des gens qui n'ont qu'une maigre ration, et une seule encore par jour, puissent engraisser. » J'avoue que mon cœur se fendit de pitié pour ces pauvres esclaves, et d'indignation envers ce cruel traitant. Quand donc le règne pacifique de Notre-Seigneur viendra-t-il rendre à ces pauvres peuples la dignité qu'ils ont perdue. Ce jour, nous l'appelons de tous nos vœux, offrant à Dieu nos prières et nos sacrifices, le priant de hâter sa venue au milieu de ces peuplades barbares. »

***

« Le lac est parsemé de bateaux chargés de sauvages, ce sont des fuyards, des wolwari de Lukomburé qui viennent se réfugier au Massanzé chez leurs parents et amis, dans la crainte, disent-ils, que le Mtémi qui va porter des esclaves et des défenses d'éléphant à Sadala, chef des Wangwana de Cheniu, n'en reçoive du secours et des fusils : ce qui rendrait les forces inégales et le succès du Mtémi certain. Une grande quantité de ces fuyards viennent chercher un abri à l'ombre de la Mission où ils sont bien reçus, malgré les menaces des brigands qui prétendent que Sadala viendra les poursuivre jusque chez nous. Cette arrivée subite nous procure une augmentation de visites. »

***

« Dans nos pays du centre de l'Afrique, on redouble de fureur, on vole, on pille, on enchaîne, on est sur le point de voir des pays entiers anéantis et réduits en immenses déserts. Le Manyéma est traversé en tous sens, pressuré jusqu'à la dernière goutte ; à Mtowa, débarcadère du Manyéma, **il n'y a pas de jour où les bateaux ne chargent des centaines d'esclaves.** Le Marungu est aussi traversé en tous sens avec d'autant plus d'acharnement que la race des Maringa, des Watawa, des Malemba reçoit une bonne rémunération, et, dans l'espace de moins de deux mois, nous avons vu passer à notre station plus de quatre cents esclaves : **c'est le signe d'une agonie prochaine.** »

***

« Mzovera part avec sa caravane ; nous demandons aux enfants que nous lui avons rachetés s'ils veulent partir avec leur ancien maître. « *Rawe*, *Rawe*, non, disent-ils, nous restons avec toi, ici.

» Pour remplacer Mzovera, il arrive ce soir une seconde caravane et un bateau très chargé. On fait descendre une partie des esclaves sur le rivage, encore des chaînes, des cangues ; mais on hésite à faire sortir les enfants, on pousse le bateau au large et à l'ancre. « Les blancs sont là, dit le chef de la caravane, ils nous voient, nous ne descendrons les enfants qu'après leur départ. » Nous étions en effet sur un petit tertre qui surplombe le port. Le spectacle de ces caravanes d'esclaves revêt toujours la même forme de tristesse : c'est la force qui prime le droit, même celui de vivre ; c'est la souffrance étalée sous toutes ses formes plus lugubres les unes que les autres ; c'est le sentiment naturel le plus pur méprisé ; c'est la famille brisée, l'amitié rompue ; c'est l'image de la mort s'avançant à pas comptés. Ils sont cependant troublés par le passage des Wangwana qui aiment le pays pour les esclaves ; car, outre que l'esclave Marungu est à bas prix, on l'estime comme travailleur. Il y a aussi un autre sujet de trouble causé par la présence de quelques Wanyamouézi qui sont venus dans ces contrées pour chasser l'éléphant, s'y sont établis et ont voulu imposer leur autorité en combattant et en frappant d'impôts les indigènes, qui les détestent. »

***

« Voici quelques mots sur les moyens d'action des esclavagistes. Un Arabe d'Ujiji ou de Tabora envoie un de ses nyampara avec quelques provisions et des fusils entre les mains de ses esclaves. Il se rend dans une contrée, engage d'excellents rapports avec les petits chefs qui, jaloux les uns des autres, se tracassent sans cesse et se déclarent la guerre lorsqu'ils se sentent forts. C'est alors que le nyampara tire profit de ses nombreux fusils en prêtant son concours à l'un de ces petits chefs qui lui demande son appui et lui promet une rançon. Cette rançon est généralement de l'ivoire et des esclaves : aussi un traitant peut devenir possesseur d'un grand nombre d'esclaves sans en avoir acheté un seul. Bouleverser ainsi sept ou huit villages suffit pour former une caravane. Sur les deux cents esclaves que nous avons en ce moment campés sur notre territoire, pas un seul n'a été acheté. »

EXTRAITS DE LIVINGSTONE

« On dit qu'en certains endroits l'esclavage est doux et bienfaisant; les Boërs affirment qu'ils sont les meilleurs de tous les maîtres, et que, si les Anglais avaient eu des Hottentots pour esclaves, ils les auraient beaucoup moins bien traités qu'eux : il serait difficile d'imaginer comment ils auraient pu les faire souffrir davantage. J'ai pris les noms de plusieurs vingtaines d'enfants des deux sexes dont la plupart étaient venus à notre école; mais je n'ai pu consoler leurs mères éplorées en leur donnant l'espoir qu'ils reviendaient un jour.

» Tous les Béchuanas aiment beaucoup les enfants; un bambin qui, chancelant sur ses jambes, s'approche d'un cercle d'hommes occupés à manger, est bien sûr de revenir les mains pleines. Cet amour pour l'enfance est dû en grande partie au système partriarcal en vigueur chez ces peuples; chaque enfant est considéré comme accroissant la force de la tribu, et le petit étranger est soigneusement apporté au chef qui devient son père adoptif; les garçons, toutefois, sont préférés aux filles. Les parents prennent le nom de leur fils aîné auquel on ajoute *ra* qui veut dire père, et *ma* qui signifie mère. Le nôtre s'appelait Robert, et mistress Livingstone ne fut plus désignée, après la naissance du cher petit, que sous le nom de Ma-Robert, au lieu de celui de Mary, qui avait toujours été le sien (1). »

***

« Les Boërs savent par expérience qu'il est impossible de conserver des adultes en captivité dans un pays sauvage, où la fuite est trop facile pour qu'on ait le

(1) LIVINGSTONE. — *Explorations dans l'intérieur de l'Afrique australe*, p. 129.

moyen de la prévenir ; c'est pour cela qu'ils s'emparent d'enfants assez jeunes pour oublier leurs parents et pour accepter un esclavage perpépuel ; j'ai vu souvent dans leurs maisons de véritables bambins qu'ils avaient capturés ; autrefois ils niaient le fait ; aujourd'hui la déclaration de leur indépendance permet aux Boërs transvaal de ne plus dissimuler qu'ils font la guerre aux esclaves (1). »

*
* *

« L'un des Pombeiros avait à la chaîne huit femmes assez jolies qu'il conduisait dans le pays de Matiamvo, avec l'intention de les échanger contre de l'ivoire. Elles paraissaient honteuses quand je passais auprès d'elles et avaient l'air de sentir vivement leur dégradation et leur malheur ; je crois qu'elles avaient été prises chez les Cassangés révoltés. La façon dont on parle aux esclaves, dans la province d'Angola, doit sonner d'une manière étrange, même à l'oreille des possesseurs, lorsque ces derniers arrivent d'Europe : « O brutu ! O diabo ! » sont les appellations qu'on emploie le plus ordinairement à leur égard ; et il est très commun d'entendre un gentleman s'écrier : « O diabo ! apporte-moi du feu. » Dans l'Afrique orientale c'est le terme *bicho* (animal), qui leur est appliqué ; et vous entendez continuellement : « Dites à l'*animal* de faire telle ou telle chose. » Les propriétaires d'esclaves, en effet, ne considèrent pas leurs nègres comme des hommes, et leur jettent souvent à la tête qu'ils sont de la race des chiens (2). »

*
* *

« Il est si naturel de supposer que le trafiquant d'esclaves est poussé par l'intérêt même à soigner sa marchandise, que cette théorie paraît plausible, et qu'on lui accorde toute créance. Mais l'atroce gaspillage de vie humaine, fait par les négriers, n'était pas moins grand à l'époque où leur trafic était légal. Cela devait être, en raison de l'imprévoyance qui caractérise l'assassin. Tout le monde s'étonne en voyant celui qui vient de commettre un crime ne pas prendre telle ou telle précaution qui le mettrait à l'abri des poursuites. On peut se demander, avec autant de surprise comment les trafiquants d'esclaves ont toujours entassé leur bétail sur des navires où il était décimé, agissant ainsi en opposition directe avec leurs intérêts ; c'est l'effet, de la fatalité qui est inhérente au meurtre, et qui poursuit son auteur. L'encombrement de ces navires homicides a toujours existé, et le nombre des morts, dont il a été cause, défie toute exagération.

» M. Wilson, missionnaire américain de la plus haute intelligence, auquel on doit le meilleur ouvrage qui ait encore paru sur la côte occidentale d'Afrique, déclare que les efforts du gouvernement anglais pour la répression de la traite sont dignes de

---

(1) Livingstone. — *Explorations dans l'intérieur de l'Afrique australe*, p. 130.
(2) *Id.*, p. 444-445.

tout éloge. Sans les croisières, dit-il, l'Afrique serait restée inaccessible aux propagateurs de la foi; et il est à désirer que cette noble mesure continue d'être prise jusqu'au jour où l'esclavage aura entièrement disparu (1). »

***

« Nous ne parlerions pas des menues difficultés de la route, difficultés qui assiègent tous les explorateurs de pays neufs, si les embarras que nous rencontrons ne se rattachaient pas au commerce d'esclaves, et ne témoignaient pas de l'influence qu'il donne à ceux qui le pratiquent. Nos hommes étant malades, bien qu'ils puissent encore marcher, il nous faut des porteurs. Les conditions faites, on nous dit souvent à l'heure du départ que plusieurs des gens que nous avions loués ont été pris par les traitants; quelquefois même ceux-ci les enlèvent tous.

» Ces marchands d'esclaves ont la haute main dans toutes les affaires, et l'on ne doit pas s'en étonner : la poudre leur donne la toute-puissance. Les tribus armées d'arcs et de flèches ne connaissent que l'embuscade. C'est dans les bois, ou dans les hautes herbes, que leurs guerriers attendent l'ennemi; jamais en rase campagne. Il en résulte que si on les attaque avec des armes à feu, à l'époque où l'herbe a été brûlée, ce qui arrive toujours, ils ne peuvent plus se défendre; leur position est celle d'un navire de commerce en face d'un vaisseau cuirassé.

» La chasse à l'homme se fait donc au moment où l'incendie vient de finir, ou quand l'herbe est assez mûre pour s'embraser promptement. Cette herbe sèche est pareille à nos blés au moment où on les rentre. Qu'on se figure un de nos villages entouré de ces chaumes arrivant à la crête des toits, et n'ayant de limite que l'horizon; le feu mis tout à coup à cette paille, sur une largeur d'un ou deux milles, par le simple contact des brandons que l'ennemi promène; le vent poussant la flamme vers le village condamné; celui-ci n'ayant qu'un ou deux mousquets, et, dix fois pour une, manquant de poudre; les flammes bondissant à trente pieds de hauteur, au milieu d'un nuage compact de fumée noire, et les éclats du chaume retombant en averse charbonneuse. Quel est le paysan d'Angleterre, qui, n'ayant que des flèches à opposer aux balles de l'ennemi, ne reculerait pas devant cette muraille ardente ?

» Lorsque de loin nous avons vu pareille scène, et que, malgré la distance, nous nous sommes trouvés littéralement inondés de ces charbons, non moins pressés que les flocons d'une neige épaisse, nous avons compris sans peine le pouvoir du chasseur d'esclaves, et le secret de sa puissance (2). »

***

« Les tombes nouvelles, en quantité considérable, annoncent combien la misère

---

(1) Livingstone. — *Explorations du Zambèze*, p. 7.
(2) *Id.*, p. 286-287.

a déjà fait de victimes; et parmi les survivants il en est des centaines qui ressemblent à des squelettes emmaillotés dans du cuir brun et ridé. Lorsque les milles, succédant aux milles, vous remettent sans cesse sous les yeux ces tristes preuves de la cruauté de l'homme pour l'homme, vous êtes accablé par le sentiment de votre impuissance à soulager les maux de la race humaine; et vous adressez au Tout-Puissant une prière silencieuse pour qu'il rapproche l'heureux avenir où tous les hommes seront frères (1). »

***

« 15 *octobre.* — Arrivé au village de Katosa, nous y avons trouvé une trentaine de jeunes gens ayant au cou cette fourche des captifs que l'on appelle *gori.* Ils appartenaient aux Arabes qui sont à l'embouchure de la rivière, et furent emmenés presque aussitôt. Accablés de fatigue, ces malheureux avaient essayé de dormir; mais le poids du gori les en avait empêchés. Avant qu'on les délivre de cette fourche, il faut d'abord qu'ils aient traversé plusieurs rivières, et qu'ils aient perdu tout espoir d'évasion (2). »

***

« L'un des caractères les plus fâcheux de ce commerce est de bénéficier de tous les maux qui fondent sur le pays. Le marchand d'esclaves met à profit tous les désordres, toutes les querelles; la disette lui est avantageuse; et si, en pareil cas, il sauve quelques individus, règle générale, c'est lui qui envenime les haines et pousse les tribus à la guerre : plus il y a de vaincus, plus la moisson est abondante. Où la traite et le bétail n'existent pas, les habitants ont une vie paisible (3). »

***

« Au village de Chibisa, que nous avions fini par atteindre, on nous apprit que la guerre était dans le pays des Manganjas et que le trafic des esclaves y était des plus actifs. Un chef des environs du mont Zomba venait d'envoyer une députation à Chibisa, qui était alors dans une bourgade éloignée, pour le supplier de venir, ou de lui donner un charme qui le protégeât contre les Vouaiaos, Vouaiaous, ou Ajahouas dont les bandes armées désolaient le pays. Enfin une troupe considérable de Manganjas récemment capturés, et que l'on dirigeait sur Tèté, avait traversé la rivière peu de jours auparavant (4). »

---

(1) LIVINGSTONE. — *Explorations du Zambèze*, p. 313-314.
(2) *Id.*, p. 318.
(3) *Id.*, p. 318.
(4) *Id.*, p. 329.

***

« Au bout de quelques instants, Mbamé nous dit qu'une chaîne d'esclaves allait traverser le village pour se rendre à Tèté. Devions-nous intervenir? Telle était la question que nous nous posions réciproquement. Tous nos bagages personnels, ayant quelque valeur, se trouvaient entre les mains des habitants de Tèté. Si nous délivrions les esclaves, il était possible qu'en revanche on s'emparât de notre avoir, et même des objets qui nous avaient été confiés pour les besoins de l'expédition. Mais ces faiseurs d'esclaves, pénétrant grâce à nous dans un lieu où jusqu'alors ils n'osaient pas s'aventurer; ces chasseurs d'hommes, fomentant la guerre civile pour se procurer des captifs, et se disant nos enfants pour mieux atteindre leur but, s'opposaient tellement à la mission dont nous étions chargés, mission qu'avait approuvée le gouvernement portugais, que nous ne pouvions pas nous dispenser d'agir. Il fut donc résolu que nous essayerions d'arrêter ce commerce odieux qui profitait de nos découvertes pour s'étendre.

» Il y avait à peine quelques minutes que nous étions avertis, quand une longue chaîne composée d'hommes, de femmes et d'enfants, liés à la file les uns des autres, et les mains attachées, serpenta sur la colline, et prit le sentier du village. Armés de fusils, et parés d'une toilette pimpante, les noirs agents des Portugais, placés à l'avant-garde, sur les flancs et à l'arrière de la bande, marchaient d'un pas délibéré. Quelques-uns tiraient des notes joyeuses de longs cornets de fer-blanc; tous prenaient des airs de gloire, comme des gens persuadés qu'ils ont fait une noble action. Néanmoins, dès qu'ils nous aperçurent, ces triomphateurs se précipitèrent dans la forêt, et tellement vite, que nous ne fîmes qu'entrevoir leurs calottes rouges et la plante de leurs pieds.

» Le chef demeura seul au poste; il était en avant, l'un de nos chefs le reconnut et lui serra vivement la main. C'était un esclave de l'ancien commandant de Tèté; nous l'avions eu nous-mêmes à notre service, et nous le reconnûmes à notre tour. Aux questions qui lui furent adressées à l'égard des captifs, il nous dit qu'il les avait achetés; mais les captifs, interrogés ensuite, répondirent tous, à l'exception de quatre, qu'ils avaient été pris en combattant. Pendant que nous faisions cette enquête, le chef avait disparu. Les prisonniers, restés seuls avec nous, s'agenouillèrent et battirent des mains avec énergie pour exprimer leur gratitude.

» Nous eûmes bientôt coupé les liens des femmes et des enfants, mais il était plus difficile de délivrer les hommes. Chacun de ces malheureux avait le cou pris dans l'enfourchure d'une forte branche de six à sept pieds de long, que maintenait à la gorge une tige de fer solidement rivée aux deux bouts. Cependant, au moyen d'une scie qui, par bonheur, se trouvait dans les bagages de l'évêque, la liberté leur fut rendue. Nous dîmes alors aux femmes de prendre la farine dont elles étaient chargées et d'en faire de la bouillie pour elles et pour leurs enfants. Tout d'abord, elles n'en voulurent rien croire; c'était trop beau pour être vrai. Mais, quand l'invitation leur eut été renouvelée, elles se mirent promptement à l'œuvre, firent un grand feu et y jetèrent les cordes et les fourches, leurs maudites compagnes de tant de nuits douloureuses et de tant de journées pénibles.

» Beaucoup d'enfants avaient à peine cinq ans ; il y en avait de plus jeunes. Un petit garçon disait à nos hommes, avec la simplicité de son âge : « Les autres nous » attachaient et nous laissaient mourir de faim : vous nous avez détachés, vous, » puis vous nous donnez à manger ; qui donc vous êtes? et d'où venez-vous ? »

» Deux femmes avaient été tuées la veille pour avoir essayé de détacher leurs courroies. Il fut dit à tous les captifs qu'il leur en arriverait autant s'ils cherchaient à s'évader. Une malheureuse mère, ayant refusé de prendre un fardeau qui l'empêchait de porter son enfant, vit aussitôt brûler la cervelle au pauvre petit. Un homme, accablé de fatigue, et ne pouvant plus suivre les autres, avait été expédié d'un coup de hache. L'intérêt, à défaut d'humanité, aurait dû prévenir ces meurtres; mais nous avons toujours vu que, dans cet affreux commerce, le mépris de la vie humaine et la soif du sang parlaient plus haut que la raison (1). »

*
* *

« Le 22 au matin, on dit que les Ajahouas approchaient, et qu'ils avaient brûlé un village à quelques milles de celui où nous étions. Laissant derrière nous les captifs libérés, nous partîmes aussitôt pour rejoindre cette armée dévastatrice. Le chemin était couvert de Manganjas qui fuyaient en masse devant les chasseurs d'hommes; ces malheureux, abandonnant tout leur avoir, n'avaient d'autres provisions que ce qu'ils portaient sur leurs têtes.

» Les champs se succédaient sur notre passage; le maïs et les fèves y étaient mûrs, mais personne n'était là pour les cueillir (2). »

*
* *

« Vers deux heures, éclatèrent de nouveaux incendies ; et nous entendîmes les chants de triomphe se mêler aux gémissements des femmes qui pleuraient ceux qu'on avait tués. L'évêque nous fit agenouiller, et prononça une fervente prière. Au moment où nous nous relevions, une longue file d'Ajahouas, suivis de leurs captifs, descendaient la montagne. Déjà les premiers de la bande avaient gagné leur village, car on entendait leurs femmes les saluer de cris joyeux. Le chef quitta le sentier pour nous voir, et monta sur une fourmilière afin de compter nos hommes. Nous lui criâmes que nous étions venus avec l'intention de lui parler; mais quelques-uns des Manganjas qui nous suivaient, ayant fait entendre ces paroles : « Voilà notre Chibisa, » l'Ajahoua prit la fuite en hurlant, et cria d'une voix perçante : « Nkondo! nkondo! » (Guerre! guerre!) (3). »

---

(1) Livingstone. — *Explorations du Zambèze*, p. 330-331.
(2) *Id.*, p. 334.
(3) *Id.*, p. 334.

*
* *

« Une Barotsé, jeune fille très belle, ayant refusé en mariage un homme qu'elle n'aimait pas, fut donnée par le chef, dans un accès de dépit, à des traitants venus de Benguéla; quand elle vit que la chose était sérieuse, elle saisit la lance de l'un de ceux qui voulaient l'emmener, s'en frappa et tomba morte (1). »

*
* *

« Que ne pouvons-nous faire le récit exact des horreurs de la traite de l'homme, et donner un total approximatif des existences qu'elle détruit chaque année! Car nous le sentons, si la moitié de ces horreurs pouvaient être connues, l'indignation et la pitié qu'elles éveilleraient seraient telles que ce trafic infernal disparaîtrait bientôt, quelques sacrifices qu'il dût en coûter pour l'anéantir. Mais nous n'avons pas les matériaux nécessaires pour un ouvrage de ce genre; les chiffres manquent; et personne ne les possède plus que nous. Disons seulement ce que nous savons de cette partie de l'Afrique : le lecteur pourra faire le calcul des misères qui nous échappent, d'après le compte de celles que nous lui aurons exposées (2). »

*
* *

« Nous tenons du colonel Rigby, consul anglais et chargé d'affaires de S. M. britannique à Zanzibar, qu'il passe à la douane de cette île, venant de la seule région du Nyassa, dix-neuf mille esclaves par an. Il est bien entendu que les esclaves expédiés dans les rades portugaises ne sont pas compris dans ce nombre.

» Et qu'on ne se figure pas que ce chiffre de dix-neuf mille représente toutes les infortunes créées par cet envoi annuel au marché de Zanzibar. Les captifs qu'on arrache du pays ne forment qu'une légère fraction des victimes de la traite. Nous n'avons pu nous faire une idée réelle de ce commerce atroce qu'en le voyant à sa source; c'est bien là que demeure Satan.

» Pour quelques centaines d'individus que procure une de ces chasses, des milliers d'hommes sont tués ou meurent de leurs blessures, tandis que les autres, mis en fuite, expirent de faim et de misère, ou périssent dans les guerres civiles et de voisinage, tués, qu'on ne l'oublie pas, par les demandes des acheteurs d'esclaves de Cuba et d'ailleurs.

» Les nombreux squelettes que nous avons trouvés dans les bois ou parmi les rochers, près des étangs, le long des chemins qui conduisent aux villages déserts, attestent l'effroyable quantité d'existences sacrifiées par ce trafic maudit.

---

(1) Livingstone. — *Explorations du Zambèze*, p. 353.
(2) *Id.*, p. 364.

» D'après ce que nous avons vu de nos propres yeux, nous avons la ferme conviction, et jamais opinion ne fut plus consciencieuse, que l'esclave ne représente pas le cinquième des victimes qu'on a faites pour l'avoir. Si nous prenions même la vallée du Chiré pour base de nos calculs, nous dirions que, terme moyen, il n'y a pas un dixième des victimes de la traite qui arrivent à l'esclavage.

» En face d'une perte d'hommes aussi effrayante, d'une perte de travail aussi grande, dirons-nous à ceux qui ne savent que compter; et lorsque le système qui fait cette monstrueuse dépense, perpétue la barbarie dans les lieux où il règne, osera-t-on donner comme argument en sa faveur que les esclaves peuvent rencontrer de bons maîtres? Ce raisonnement, s'il n'est pas dû à l'ignorance, est au moins d'une absurde philanthropie (1). »

*
* *

« Ils meurent d'inanition, et se vendent les uns les autres, non pas pour des aliments, mais pour de l'étoffe dont ils n'ont guère besoin. C'est tellement contre nature qu'il nous sembla tout d'abord que les noirs pouvaient seuls être capables d'un tel crime. Comment l'idée de s'approprier un être humain aurait-elle pu germer dans un cerveau comme le nôtre? A cette question, nous nous sommes rappelé avoir vu un homme, que l'on disait généreux, et qui n'avait pas de sang nègre dans les veines, céder pour vingt dollars une belle fille qui lui tenait de plus près que le petit prisonnier au méchant noir dont nous parlons. Cette pauvre fille, en outre, était la nourrice de l'enfant de celui qui la vendait; et tous les deux, enfant et nourrice, eurent tant de désespoir de leur séparation, que le marchand, un mulâtre pourtant peu sensible, en fut touché; il pria le maître de reprendre son esclave, mais le blanc ne voulut pas. La communauté d'infortune n'engendre pas toujours la sympathie, comme on pourrait le supposer; nous en avons assez d'exemples parmi nous pour ne pas croire que c'est un fait particulier à la race nègre (2). »

*
* *

« Il n'est pas de mots qui puissent rendre la désolation de cette vallée autrefois si riante. Partout les mêmes scènes de mort; partout la solitude (3). »

*
* *

« Quel que fût l'endroit où se dirigeaient nos pas, nous rencontrions des squelettes; et les différentes postures dans lesquelles avaient expiré les malheureux, dont ils représentaient l'agonie, étaient pour nous un sujet de remarques à la fois pénible

---

(1) Livingstone. — *Explorations du Zambèze*, p. 364-365.
(2) *Id.*, p. 369-370.
(3) *Id.*, p. 424.

et intéressant. On les trouvait en monceau au bas d'une pente située derrière un village, où de nombreux fugitifs, venant de l'est, avaient passé la rivière. Dans l'une des cases de ce village il n'y avait pas moins de vingt tambours, que le passeur avait sans doute reçus en payement.

» Un grand nombre de ces infortunés étaient morts sous des arbres touffus. Dans les montagnes ils s'étaient traînés sous les saillies des rocs. Beaucoup d'autres avaient achevé leur misère au fond de leurs cases, et les portes closes ; on y trouvait leurs cadavres, ayant de pauvres guenilles autour des hanches, et le crâne tombé à côté de l'oreiller ; puis, entre les deux grands squelettes, un petit corps roulé avec soin dans une natte.

» La vue de ce désert, littéralement jonché d'os humains, nous donna la ferme conviction que le dépeuplement de cette partie de la vallée, si énorme qu'il fût déjà, n'était qu'une faible partie du désastre ; et nous avons compris qu'il serait impossible d'établir un commerce régulier dans cette région tant que la vente de l'homme, cette iniquité monstrueuse qui pèse depuis si longtemps sur l'Afrique, n'aurait pas disparu (1). »

*
* *

« Quand nous parlons des Africains, le lecteur devra se rappeler que nous ne prenons pas les habitants du littoral de la côte de l'ouest pour type de la race noire, comme le font ceux qui n'ont pas pénétré dans l'intérieur du continent, et qui n'en connaissent pas les peuplades (2). »

*
* *

« 17 *septembre*. — J'ai eu avec Mâkaté une longue discussion à propos de la traite. Certains Arabes lui ont dit qu'en saisissant les daous, nous avions pour objet de nous emparer des esclaves et de les convertir. Les maux qui ont frappé nos regards, les crânes, les cadavres, les ruines de villages, le nombre d'hommes qui périssent d'ici à la côte, les meurtres commis en masse, le pays dépeuplé par les Aïahous, pour que les Arabes fassent bâtir leurs maisons et cultiver leurs champs : tout cela, Mâkaté a essayé d'en rire. Mais nos paroles sont tombées dans le cœur de beaucoup d'autres. Ce matin, pendant la marche, et spontanément, notre guide en transmettait la substance aux gens des villages que nous trouvions sur la route. Un chef, il y a quelques jours, en me faisant la conduite, m'avait déjà dit à l'oreille : « Parlez à Mâkaté pour qu'il renonce aux razzias. »

» Nous ne pouvons que bien peu de chose ; mais nous semons dans les cœurs une protestation qui, avec le temps, germera. Leur grand argument est celui-ci : « Que ferions-nous sans l'étoffe des Arabes ? — Ce que vous faisiez avant que les

(1) LIVINGSTONE. — *Explorations du Zambèze*, p. 426-427.
(2) *Id.*, p. 571.

Arabes vinssent chez vous; » telle est ma réponse. Au train dont va la dépopulation, toute la contrée sera bientôt déserte (1). »

*
* *

« 19 *mai.* — L'émancipation de nos esclaves des Indes occidentales n'a été l'œuvre que d'un petit nombre d'Anglais : les philanthropes de l'époque et les penseurs les plus avancés du siècle. Numériquement, c'était un groupe infime, n'ayant de puissance que par la supériorité de ses chefs, et parce que le droit, la vérité, la justice étaient avec lui. Dans la nation, l'immense majorité se composait d'indifférents, qui n'avaient pas de sympathie à dépenser en dehors de leurs petits cercles de famille. Plus tard, surgirent des écrivains à *sensation*, qui, pour se donner un cachet original, condamnèrent toutes les mesures et tous les hommes qui les avaient précédés. « L'émancipation était une faute »; et ces beaux diseurs entraînèrent avec eux beaucoup de gens qui auraient volontiers possédé des esclaves (2). »

*
* *

« Gens de la pire espèce que ces négriers d'Oujiji; les traitants que j'ai vus dans l'Ouroungou et dans l'Itahoua sont des gentlemen; ceux d'ici : vils entre les plus vils, de même que ceux de Quiloa et du bas Zambèze. Ce n'est pas un commerce que le leur, mais un système de vols et de meurtres, pillage et capture; chaque tournée commerciale est une razzia (3). »

*
* *

« Presque tous les traitants d'Oujiji sont de misérables métis du Sahouahil, et ne possèdent ni les manières ni le jugement des Arabes (4). »

*
* *

« 16 *avril.* — Au bord du Nyanzé se trouvent le marché et la ville principale du chef Dzourammpéla. Rachid a visité celui-ci, et en a reçu deux esclaves pour lui avoir promis d'amener et de faire se battre des gens d'Ebed contre son voisin Tchipannghé. Par le même moyen, Tchipannghé a obtenu l'aide de Sélim Mokadem, associé de Rachid, pour faire chez l'autre des captifs, dont le nombre a été de quatre-vingt-deux. Rachid vendra ses esclaves le plus tôt possible et laissera Dzourammpéla découvrir la fraude.

---

(1) Livingstone. — *Dernier Journal*, t. Ier, p. 113-114.
(2) *Id.*, t. II, p. 8.
(3) *Id.*, t. II, p. 10.
(4) *Id.*, t. II, p. 11.

» Cette tromperie, qui est un spécimen de la façon d'agir des métis, empêche d'ajouter foi au rapport que ce Rachid m'a fait d'un trait de cannibalisme, dont il se dit témoin oculaire. Toutefois c'est après un combat que les victimes furent coupées par morceaux; et ceci concorde avec l'assertion que les Manyéma ne font pâture que des gens tués à la guerre.

» Quelques-uns tiennent pour avéré qu'ils mangent aussi des captifs, et qu'ils achètent pour cela des esclaves, dont le prix est une chèvre ; mais j'en doute très fort (1). »

***

« L'esclavage paraît être contemporain du fer. Les monuments de l'ancienne Égypte montrent que ce fléau est d'une vénérable antiquité.

» Dès lors, disent certaines gens, pourquoi essayer de détruire un usage consacré » par les siècles? » Très bien; mais on a dit que le mal dont Job, le plus ancien des patriarches, avait été affligé était la petite vérole; pourquoi arrêter les ravages de cette maladie vénérable et lui opposer la vaccine?

« Dans tous les cas personne n'attend rien de ceux qui épiloguent sur les efforts que font les gouvernements et les peuples pour guérir cette énorme plaie du monde. « Nous aimons mieux, disent-ils, donner notre obole pour les misères de nos compa- » triotes que pour celles des nègres. » Bien réellement une obole, et que, le plus souvent, ils oublient d'apporter, se l'adjugeant à eux-mêmes. Il est reconnu, c'est presque un axiome, que les hommes qui font le plus de sacrifices pour les païens du dehors sont également les plus généreux pour les païens de l'intérieur. C'est de leur côté que se tourne notre espérance; auprès des autres, tous les arguments sont inutiles; la seule réponse que j'aie cure de leur envoyer est cette remarque d'un matelot anglais, qui, voyant des négriers à l'œuvre, dit à un camarade : « J'en frémis dans tous » mes couples! si le diable n'emporte pas ces gens-là, nous n'avons que faire » de lui (2). »

EXTRAITS DE CAMERON

« Sur la route, toujours des ruines. Voir les débris de tant de villages, naguère habités par des gens heureux, me jetait dans une tristesse inexprimable. Où étaient ceux qui avaient bâti ces cases, cultivé ces champs? Ils avaient été saisis comme esclaves, massacrés par des bandits engagés dans une lutte à laquelle ces malheureux n'avaient pris aucune part, ou morts de faim et de fatigue dans les jungles.

---

(1) Livingstone. — *Dernier Journal*, t. II, p. 137.
(2) *Id.*, t. II, p. 232-233.

» L'Afrique perd son sang par tous les pores. Un pays fertile qui ne demande que du travail pour devenir l'un des plus grands producteurs du monde voit ses habitants, déjà trop rares, décimés par la traite de l'homme et par les guerres intestines. Qu'on laisse se prolonger cet état de choses, et tout ce pays, retombé dans la solitude, repris par le hallier, redeviendra impraticable au commerçant et au voyageur.

» La seule possibilité d'un pareil événement est une souillure pour notre civilisation trop vantée. Si l'Angleterre, avec ses usines qui chôment la moitié du temps, négligeait de s'ouvrir un marché pouvant donner de l'emploi à ses milliers d'hommes en détresse, ce serait inexplicable.

» Espérons que la race anglo-saxonne ne permettra à aucune autre de la distancer dans les efforts qui doivent être faits pour racheter des millions de créatures humaines de la misère et de la dégradation où elles tomberaient infailliblement si on n'allait pas à leur secours (1). »

***

« Partis de Kouaséré, nous fîmes plusieurs étapes dans un pays bien arrosé, pays populeux, où l'on voyait des champs de sorgho d'une végétation luxuriante, et où nous fûmes accueillis avec une tranquillité morne, un calme hostile : les traitants n'y devaient leur sécurité qu'à la crainte inspirée par leurs fusils.

» Néanmoins, les indigènes venaient au camp nous offrir non seulement des vivres, mais des esclaves. Ceux-ci, ordinairement, étaient bâillonnés avec un morceau de bois, placé comme un bridon ; ils avaient en outre la fourche au cou, les mains liées derrière le dos et, de plus, étaient attachés par une corde à la ceinture du vendeur (2).

***

« Coïmbra arriva dans l'après-midi avec cinquante-deux femmes enchaînées par groupes de dix-sept à dix-huit. Toutes ces femmes étaient chargées d'énormes fardeaux, fruits des rapines du maître. En surplus de ces lourdes charges, quelques-unes portaient des enfants, d'autres étaient enceintes. Les pauvres créatures, accablées de fatigue, les pieds déchirés, se traînaient avec peine. Leurs membres, couverts de meurtrissures et de cicatrices, montraient ce qu'elles avaient eu à souffrir de celui qui se disait leur maître.

» La somme de misère et le nombre des morts qu'avait produits la capture de ces femmes est au delà de tout ce qu'on peut imaginer. Il faut l'avoir vu pour le comprendre. Les crimes perpétrés au centre de l'Afrique sembleraient incroyables aux habitants des pays civilisés.

» Pour obtenir les cinquante femmes dont Alvez se disait propriétaire, dix villages

---

(1) CAMERON. — *A travers l'Afrique*, p. 145-146.
(2) *Id.*, p. 247.

avaient été détruits ; dix villages ayant chacun de cent à deux cents âmes, un total de quinze cents habitants ! Quelques-uns avaient pu s'échapper ; mais la plupart — presque tous — avaient péri dans les flammes, été tués en défendant leurs familles, ou étaient morts de faim dans la jungle, à moins que les bêtes de proie n'eussent terminé plus promptement leurs souffrances.

» La bande, qui avait pour escorte des gens du roi, comptait, en surplus des cinquante-deux captives, deux hommes appartenant à Coïmbra, deux épouses du maître, données à celui-ci par Kassonngo et parfaitement à la hauteur de leur tâche, qui était de surveiller les esclaves ; enfin trois enfants, dont l'un portait une idole, également offerte par Kassonngo à Coïmbra, et que ce dernier considérait comme un Dieu tout aussi bon qu'un autre, bien qu'il fît profession d'être chrétien (1). »

***

« Des tombeaux et de nombreux ossements témoignaient de la quantité de victimes qui avaient péri en cet endroit. Des entraves et des jougs, encore attachés à des squelettes ou gisant auprès d'eux, montraient également que la traite de l'homme se faisait toujours sur cette ligne. D'autres fourches, d'autres liens pendaient aux arbres, et si peu détériorés, au moins un certain nombre, qu'évidemment il n'y avait pas plus d'un mois qu'ils étaient là. On les avait enlevés à des gens trop affaiblis pour qu'on pût redouter leur fuite, et avec l'espoir que le peu de forces qui ne suffisait pas à porter le poids des fers, permettrait au malheureux cheptel de se traîner jusqu'à la côte (2). »

***

« Beaucoup d'Arabes sont assez éclairés pour comprendre que le portage à dos d'homme est le plus précaire et le plus onéreux de tous les moyens de transport ; et ils accepteraient avec joie tout ce qui pourrait le remplacer.

» Sur les lignes occupées par les Portugais, principalement sur les routes qui vont du Bihé à l'Ouroua et au Katannga, il se fait un commerce considérable d'esclaves. La plupart de ces capturés — presque tous sont obtenus par la violence et le rapt — ne sont pas menés à la côte, mais en pays cafre, où ils sont échangés pour de l'ivoire. Je ne serais pas étonné d'apprendre qu'une grande partie des travailleurs fournis par les Cafres aux mines de diamant proviennent de ces marchés.

» Les traitants actuels ne le cèdent en rien à leurs ancêtres, qui inscrivaient leurs esclaves comme ballots de marchandises, et en faisaient baptiser cent d'un bloc par l'évêque de Loanda, pour éviter le droit d'exportation ; ils ne le cèdent en rien, disons-nous, à ceux d'autrefois pour la manière d'agir envers l'esclave, et pour l'insouciance à l'égard des moyens qui leur procurent cet article de commerce.

---

(1) Cameron. — *A travers l'Afrique*, p. 333-334-335.
(2) *Id.*, p. 473.

» *Les agents qui vont, dans l'intérieur, chercher la marchandise humaine pour les traitants établis sur la côte, sont généralement eux-mêmes des esclaves; et comme il arrive toujours, — on le voit dans les basses classes de la civilisation, — les opprimés deviennent les oppresseurs les plus cruels de ceux qui se trouvent à leur merci (1).* »

* * *

« Que ceux qui désirent l'extinction de la traite des noirs se lèvent, et par leur parole, leur bourse, leur énergie, viennent en aide aux individus à qui cette entreprise peut être confiée. .

» Que les personnes qui s'occupent des missionnaires secondent de tous leurs efforts ceux qui travaillent en Afrique, et leur envoient de dignes associés, prêts à vouer leur existence à la tâche qu'ils entreprennent.

» Ce n'est pas par des discours ni par des écrits que l'Afrique peut être régénérée, mais par des actes. Que chacun de ceux qui croient pouvoir y prêter la main le fassent donc. *Tout le monde ne peut voyager, devenir apôtre ou négociant*; mais chacun peut donner une cordiale assistance aux hommes que le dévouement ou la vocation mène dans les lieux inconnus.

» Toutefois, je recommanderai à tous ceux que la question concerne, de ne pas s'illusionner. Beaucoup de noms seront ajoutés au martyrologe de la cause africaine; beaucoup de souffrances devront être subies sans plaintes, beaucoup d'années de pénible labeur acceptées sans faiblesse, avant que l'Afrique soit vraiment libre et heureuse (2). »

---

(1) CAMERON. — *A travers l'Afrique*, p. 522.
(2) *Id.*, p. 531-532.

PIÈCES JUSTIFICATIVES

Numéro 4.

Sur les anciens Ordres religieux-militaires et la possibilité d'une Association du même genre pour l'abolition de l'esclavage, dans les contrées barbares de l'Afrique.

Les principaux Ordres religieux-militaires ont été dans le passé : l'Ordre de Malte, fondé à Jérusalem et qui fut le plus illustre et le plus puissant de tous;

L'Ordre du Temple, fondé à Jérusalem et supprimé par le pape Clément V;

L'Ordre de Saint-Lazare, également fondé dans la Ville Sainte à l'époque des croisades, et uni plus tard à celui de Saint-Maurice;

Les Ordres de Saint-Jacques de Compostelle, de Calatrava et d'Alcantara, tous trois établis en Espagne;

L'Ordre des Chevaliers Teutoniques établi en Allemagne.

Fondés dans un esprit de foi, de dévouement, de sacrifice, pour la protection des petits, des faibles, le soin des malades; destinés à arracher à l'esclavage les captifs faits par les Musulmans ou par les barbares, ces Ordres rendirent à l'Église, aux princes, aux populations chrétiennes, des services considérables tant qu'ils persévérèrent dans leur premier esprit.

Plus tard, devenus riches et puissants, ils dégénérèrent de leur régularité et de leur esprit, et quelques-uns, comme celui du Temple, tombèrent dans de grands désordres.

Réduits enfin à ne plus être que l'ombre d'eux-mêmes, ils ne servirent qu'à donner des titres honorifiques ou des prébendes lucratives, et cessèrent ainsi, en réalité, d'être des Ordres religieux.

Le seul de ces Ordres qui existe encore dans l'Église catholique, est celui de Malte, mais il a complètement cessé de remplir son ancienne fonction militaire, et n'est plus que l'ombre de lui-même.

Est-il possible de restaurer ou de réorganiser un de ces anciens Ordres pour rendre à l'Afrique barbare des services analogues à ceux qu'ils rendaient autrefois dans les pays mahométans, et, en particulier, pour y protéger les populations sans défense contre les horreurs de l'esclavage? Cela n'est possible qu'à une condition : c'est qu'on abandonnera complètement les traditions qui avaient fini par prévaloir parmi les anciens chevaliers. Il ne pourrait plus, à coup sûr, être question d'exiger, aujourd'hui, de tous, dans une semblable milice des quartiers de noblesse. Il y faudrait également reprendre le véritable esprit religieux tel qu'il convient à des soldats qui veulent, avant tout, pratiquer les devoirs et les vertus du christianisme, se sacrifier pour sauver leurs frères et remplir ainsi héroïquement le devoir de la charité.

Le dévouement absolu du chrétien est la première loi d'une vocation semblable.

Or, ce dévouement inspiré par la foi ne trouve son expression complète que dans la pratique des conseils évangéliques : pauvreté, pour ne conserver aucune attache aux biens de ce monde; chasteté, pour dégager son cœur de toutes les affections basses et ne pas scandaliser ses frères; obéissance, pour rendre possible l'action commune en maintenant l'ordre et la subordination parmi les frères.

Une règle simple et nette doit prévoir, conformément à cet esprit, les pratiques essentielles de la vie intérieure et de la vie militaire.

Dans la règle primitive des anciens ordres militaires, il était, par exemple, défendu aux chevaliers de jamais sortir au nombre de moins de deux ou trois ensemble.

On ne gardait point dans l'Ordre ceux qui donnaient du scandale.

On pourvoyait à la subsistance des frères soit par des fondations, soit par le travail, soit par des aumônes que recueillaient les prêtres ou les frères qui, par humilité, se consacraient à ce soin.

Les supérieurs étaient élus par les frères avec l'approbation du Conseil de l'Ordre.

Des prêtres étaient attachés à l'Ordre pour l'accomplissement de tous les exercices de religion.

Dans la guerre, il était défendu aux frères d'attaquer et de verser le sang autrement que pour la défense de leur vie ou pour celle des petits et des persécutés, particulièrement des captifs et des esclaves. Ils étaient soumis à l'obéissance militaire hiérarchiquement établie.

Dans l'origine, on ne faisait pas de vœux, mais seulement des promesses, dont on pouvait être relevé par les supérieurs.

Plus tard seulement, vinrent les vœux de religion soit temporaires, soit perpétuels.

Une fois engagés par des serments, si ceux-ci étaient perpétuels, les Chevaliers appartenaient à l'Ordre jusqu'à la fin de leur vie, et l'Ordre, à son tour, prenait l'engagement de les entretenir jusqu'à la mort.

Tels sont les traits généraux qu'ont eus à leur origine les Ordres militaires dans l'Église et que pourrait avoir une association nouvelle qui se consacrerait, dans celles des contrées de l'intérieur de l'Afrique où n'existe aucune autorité régulière, à la suppression de l'esclavage et des désordres qu'il entraîne.

Quant aux Ordres actuels, ils ne pourraient être d'aucune utilité pour un tel but et il ne paraît pas, non plus, pratiquement possible de les réorganiser désormais.

Il est complètement faux, du reste, que le Souverain Pontife ait songé à charger de ce soin l'Ordre de Malte, tel qu'il est actuellement constitué. Il ne l'est pas moins que le Cardinal Lavigerie veuille faire appel à cet Ordre.

On pourrait organiser, en lui conservant son nom antique, un tiers-ordre divisé, comme l'ancien ordre de Malte, en Langues ou Nationalités diverses, approprié, par sa règle, à cette mission nouvelle et dont les membres seraient liés par des serments temporaires. Mais la sagesse demande que l'on attende, avant de rien fixer à cet égard, que les dévouements personnels se soient manifestés en assez grand nombre pour pouvoir établir cette association religieuse en Afrique, avec l'approbation et sous l'autorité de l'Église.

SAINT-CLOUD. — IMPRIMERIE Vᵉ EUGÈNE BELIN ET FILS.

www.ingramcontent.com/pod-product-compliance
Lightning Source LLC
LaVergne TN
LVHW010101230826
846091LV00005B/2046

* 9 7 8 2 0 1 3 6 7 3 8 2 2 *